圖解系列

圖解
教學原理
與設計

蔡啓達 著

閱讀文字

理解內容

觀看圖表

五南圖書出版公司 印行

推薦序

　　教學是教育活動的關鍵，決定學校教育成效的高低優劣。教學活動囊括「教師的教學活動」與「學生的學習活動」，前者包括教師教學歷程中的思考、採用的理論與方法、策略與原則；後者涵蓋學生學習歷程中的思考、運用的理論與方法、策略與原則。因此，教學活動是一種師生雙向互動回饋的過程。教育活動如果忽略教學的重要性，則任何的教育改革都無法收到預期的效果。

　　Gage 在其舉世聞名的教育著作《教學藝術之科學基礎》（The scientific basis of the art of teaching）一書中提出，教學活動的最高境界是達到藝術之境，但必須以堅實的科學方法為基礎。由此可見，教學科學方法的運用，與教學藝術的達成，是相輔相成的。教師在教學活動進行中，除了透過專業知識的開展、系統方法的運用，使教學活動達成目標外，同時也要顧及教學目標達成的藝術境界。

　　一般教學原理的專業書籍，在內容方面大部分以文字敘述方式呈現，佐以表格或圖表，呈現與教學有關的核心概念，無法提供一般教育體系與非教育體系出身的普羅大眾，深入淺出的教學知識與教學概念。因此，在閱讀教學原理有關的專業叢書時，對於教學概念及相關知識的理解，總是感到相當程度的困難和迷失。

　　本書的特色在於透過「一專文一圖表、一概念一圖解」的方式，透過圖文並茂的形式，說明教學活動和教學有關的概念。內文方面囊括教學的十個概念、二十世紀心理學家如何看教學、社會學家意識的教學概念、哲學家知覺的教學思維、有效的教學方法與技術、不斷澄清教學評量的迷失、高效能教師應有的教學表現、高效能學習的十種方法、教學資源的選擇與應用等，內容豐富且多元，對於教學意義的闡釋，見解精闢且精緻。

　　本書的作者蔡啟達博士，鑽研教學理論與方法多年，從國小教師、主任、校長、縣市國教輔導團等服務生涯，對於教學活動有精

關的見解，且熟悉教育理論與方法。將其多年來對教學的研究成果，揉合教學相關理論與實際，以文字的方式出版本書。相信對教學活動的實施，具有相當正面積極的意義。我和啓達校長認識多年，且忝為博士論文指導教授，本書的出版能讓我先行拜讀，十分榮幸。期盼這本書的出版，可以提供對教學活動有興趣的教育工作者與社會大眾，一個清晰且具體明確的視野。

臺南大學教育學系教授

林進材

自 序

　　本書主要目的在於闡述進行教學工作時，所應依循的相關概念、原理、原則或知識等方面的書籍。長久以來，家長、社會人士、教改團體等對教師在教室課堂中「如何教」一直感到相當好奇。若家長等利害關係人能深入了解教師進行教學的相關概念或原理原則，不但容易理解「如何教」的問題，也可提供教師進行反思教學的另一股輔助力量，甚至也可協助自己的孩子如何進行有效及高效能的學習。

　　「教學」乃學校每天必須進行的主要工作，因而對教學原理的理解，其重要性不言可喻。不管是現職教師，或即將投入職場的師培生，甚至關心教育的家長及社會普羅大眾，皆應熟知相關的教學理論與概念。相關人士若能深入了解教學進行的概念或理論，對教師而言乃不但是「專業化」的具體表徵，對家長或社會普羅大眾來說，也是關心學校教學的「第一步」。

　　本書撰寫約歷時一年，乃作者統整教學相關的理論書籍概念，及融合任教國小、大專的教學實務經驗，對教學原理的理解、詮釋與反思。本書的最大特色，在於以「一頁文、一頁圖」的方式呈現，目的在於使艱深難懂的概念，以淺顯易懂的方式呈現，讓所有階層人士（普羅大眾）更能接受與閱讀，非常有別於坊間出版屬於「文字型」的教學原理之著作。

　　本書得以順利出版，在此首先要感謝恩師——博士班指導教授林進材博士的推薦與提攜，並允予撰序推薦本書；其次，感謝五南圖書出版公司陳念祖副總編輯的睿智與眼光，提供作者寫作的方向與啟示；接著，要感謝博士班同學、學弟妹、僑和同仁，以及本縣性別平等團團員等提供相關實務經驗和鼓勵；最後感謝老婆素萩、女兒翔愉、兒子翔詠在寫作期間的關懷與包容。

蔡啓達 謹誌

本書目錄

第 3 章　社會學家意識的教學概念

第4章　哲學家知覺的教學思維

第5章　有效的教學方法與技術

第 **6** 章　不斷澄清教學評量的迷思

第 7 章　高效能教師應有的教學表現

第 8 章　高效能學習的十種方法

第❾章　**教學資源的選擇與應用**

第1章 教學的十個概念

　　自有人類以來即有教育活動,而教學即是教育活動具體化的表現。當教師在實施教學時,必須思考學生經由教學活動,可能獲得哪些知識、技能、行為或態度,如何積極減少或降低學習干擾因素,此其中所依循的理論、邏輯或方法,顧名思義即所謂的教學的原理。

UNIT 1-1
教學包含「教」與「學」的活動

一、前言

我們生活的世界，自古有人類以來，即有教學活動的存在；因為人類繼續存活之目的，不只求生存而已，亦生活在過去與未來的發展之中；人類經由教學活動，將其所學所知，傳遞給下一代，使人類得以傳誦千年而生生不息。因此，教學活動不僅只隱含著單一概念，其應為複雜與多元之概念。

二、教學至少包括三部分

教學人人皆知曉，然而每個人詮釋角度之差異，其涵義為何，卻眾說紛紜。我國東漢許慎的《說文解字》即從教學的形式指出：「教，上所施，下所效也。」其次，Smith（1987）從語言學分析，認為：「教學即知識技能傳授、教學即成功、教學是有益活動、教學乃規範性行為、教學的科學定義應更複雜與明確」等五種涵義。由此可知，教學至少應包括三個部分，首先即「教師的教」之行為；其次，為教學之客體，即「施」或「傳授」的知識、技能；第三，即包括教學的對象——「學生」。

三、教學的英文的意義

另從教學的英文字義而言，其英文字有動名詞的「teaching」和名詞的「instruction」皆可用來代表教學之意義；然而，一般來說，teaching 多與教師的教學行為有關，泛指整個教學活動中的「師生互動關係」，包括擬定教學計畫、選擇教材內容、實施教學評量等；而 instruction 則類似教師在教室中實施的訓練，泛指「教師的教」與「學生的學」之動作技巧部分的活動。

四、小結

面對社會快速變遷、資訊科技發達及知識爆炸的時代，我們必須重新思考「教」與「學」的新概念為何。教學雖具有獨特性與不確定性，但其實施除須依循科學的方法、原理及原則來實施，以達成目的、效率與效能之外，是否更應融合教學的藝術之美，使師生於教學中抒發彼此真實的感受，再現各種驚奇與刺激，讓教學栩栩如生及充滿歡愉的生機與活力，則能使教學具有非預期性及發展性，更可塑造與培養學生豐富的創造力與想像力。

因此，教學屬於「複合式」、「理性思維」之概念，其至少應包括「教師的教學行為」、「教學的對象」及「學生的學習活動」等具體化的實踐過程；單方面的教或學，是無法讓學生產生認識或知道的。

教學的範圍至少包括三部分

教學客體教材

教師的教 ⟷ 學生的學

教學的英文字之概念分析

Teaching 指師生的互動關係			Instruction 指教室中的訓練活動	
擬定教學計畫	選擇教材內容	實施教學評量	教師教的動作技巧	學生學的動作技巧

小博士的提醒

釐清教學的觀念

1. 教學的意義多元而分歧，但從不同角度來看教學，即可將教學詮釋得更完整。
2. 教師若僅只傳授知識或技能，而未涉及人格的培養，即可能變成所謂的教書匠。
3. 教學不只一人形式而已，亦可多位教師同時進行教學，即所謂協同教學。

UNIT **1-2**
教學既傳授知識也轉化知識

一、教學的意圖

教學實施之的目，自古以來即希望學生獲得豐富的知識與技能。在我國的《禮記‧學記篇》即指出：「教也者，長善而救其失者也。」足見教學不只經由教師的示範、說明、譬喻、類化等過程，將教學的客體——知識、技能，以某種合理的方式，有意圖地傳授給學生，以提升學生的智能及發展潛能，更在啟發及引導學生的長處部分，以彌補其不足或缺失之處，使學生經由教學過程逐漸成長與發展。

二、教學並非獲得知識唯一途徑

教學的意圖在於傳授知識客體，然而學生獲得知識與技能，一定要經由教師的教學嗎？若依照「教學即教師傳授知識、技能之意圖」的邏輯思維，則學生所知係由教師所傳授，因而理論上學生所知永遠無法超越教師所知。不過，事實上許多學生所知，往往超越老師，甚至顛覆老師所教的；此外，學生亦可自行進行學習、經由資訊科技網路或參與讀書會等方式獲得學問。由此可知，學生所獲得的知識、技能，並非完全皆經由教學之途徑才能取得。

三、教學並非只傳授知識或技能

其次，一個值得思辨的問題浮現：「教學一定只傳授知識、技能嗎？」教師在教室課堂中，一定只能進行正式知識或技能之傳授而已嗎？事實上，教學若只是正經八百地傳授知識，而未觸及某些輕鬆的風花雪月、隱喻故事的類化、八卦小道消息的譬喻等，以協助學生理解知識，則學生可能覺得教學是一件嚴肅且索然無味的事情。另外，學生在情意層面的人格與倫理道德，經由正式教學過程的培養，也非常重要。

四、教學也在轉化知識

教學另一個存在與值得釐清的問題，即教師的教學若只是進行傳遞知識、技能的例行公事（routines），而學生亦只是照單全收地進行知識累積或堆砌，則學生能獲得真正實用的知識與技能嗎？

另外，教學的功能應培養學生在沒有答案時，能主動地動腦思考並解決問題，而學生若未能將教師所教的知識進行消化、吸收則無法如此。

因此，教師若未能將知識或技能「轉化」（transform）成學生可以與其經驗進行交互作用，協助學生將知識與經驗進行重組與改造，則學生所獲得的即是一種「囤積式」（banking）知識。因此，教師在教學中即須同時兼顧知識與技能的傳遞與轉化工作，才能真正培養學生「帶得走的知識」而非「背不動的書包」。

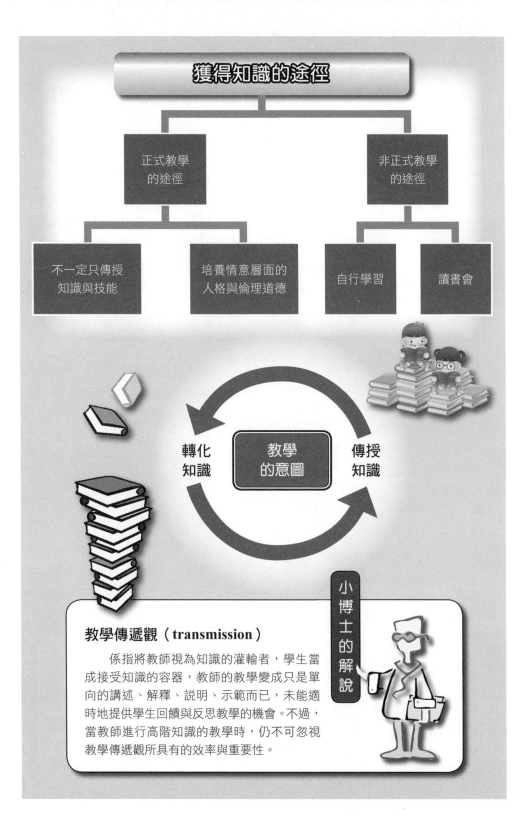

獲得知識的途徑

正式教學
的途徑

非正式教學
的途徑

不一定只傳授
知識與技能

培養情意層面的
人格與倫理道德

自行學習

讀書會

轉化
知識

教學
的意圖

傳授
知識

小博士的解說

教學傳遞觀（transmission）

　　係指將教師視為知識的灌輸者，學生當成接受知識的容器，教師的教學變成只是單向的講述、解釋、說明、示範而已，未能適時地提供學生回饋與反思教學的機會。不過，當教師進行高階知識的教學時，仍不可忽視教學傳遞觀所具有的效率與重要性。

UNIT **1-3**
「教」與「學」存有應然與實然的因果關係

一、教學之間關係的探討

「教－學」之間到底應存在何種關係呢？「教－學」之間是否必然存有某種的因果關係呢？相當令人感到好奇。若「教－學」之間存有某種關係，則應屬於「應然」或「實然」的關係呢？

若教學屬於「應然」的關係時，當教師應進行教學，學生也必然絕對地進行學習。然而，教學之間即應存在教師單向的教，而學生即應被動地接受知識或技能嗎？不免令人質疑！

若教學屬於「實然」關係，當教師進行教學時，則學生可能進行有效的學習，也可能進行無效學習，甚至無學習行為產生。當教師沒有進行任何教學行為時，則學生即無任何學習的行為產生。

事實上當教師進行教學時，並非所有學生皆絕對被動地接受知識的學習。如果學生沒有進行實質的學習，是否即不算教學呢？諸如這些對教學之間關係的懷疑，相當值得進行探討。

二、教學的應然關係

自古以來，教師即扮演「傳道、授業、解惑」的角色，因而「教－學」之間即必然存有「應然」的因果關係。

然而，隨著資訊科技發達及行動閱讀時代的來臨，學生可在任何時間與地點，透過各種行動裝置，如手機、PDA、筆記型電腦等進行學習，則「教－學」之間是否仍必然存有「應然」的因果關係，不免受到挑戰與質疑。

不過，非常值得注意的，行動學習雖具學習知識－傳道的便利與優勢，但教師在應然層面對知識所進行增、刪、減、改編的「轉化知識」，及融合「知、情、意」的情意層面之人格陶冶，仍無法完全被現代流行的資訊科技取代。

三、教學的實然關係

當代某些西方理論學者，在探討學習理論時，往往僅根據實驗室的結果，並未深入分析即推論至人類的學習，甚至將動物與人之間「刺激－反應」的學習畫上等號，而有過度簡化教師的教與學生學習的關係。

黃政傑（1997）指出，我們不能因教與學的關係十分密切，便要求兩者之間一定要具備任何因果關係，教學不一定產生學習，學習不一定源自教學。因此，「教」與「學」之間，不必然一定具有等號的關係，即使學生的學習意願相當低落，則教學仍然稱之為教學。

因此，「教－學」之間不但存在「傳道、授業、解惑」的「應然」關係，也應存在「實然」的因果關係的「傳遞知識」、「轉化知識」和「情意層面的人格陶冶」，才更能符合教學的實際需要。

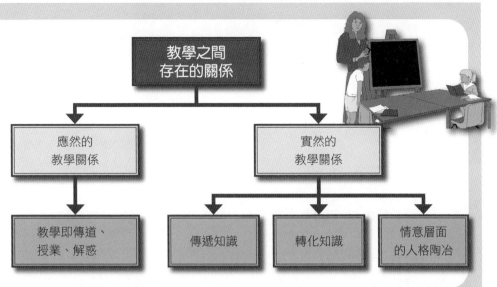

教學的迷思概念

　　如果在教學中，僅由學生自行進行單向式學習，而無教師進行形式的教或引導之活動，充其量只能稱為「自修」，而不能稱之為教學。同樣地，若只有老師進行單向教學，而師生之間並無任何互動之活動，即「講光抄，背多分」，則亦缺乏教學的實質意義。

UNIT 1-4
教學是名詞亦是動詞也是動名詞

一、教學的屬性

　　教育史曾告訴我們，教育不只是名詞，並且還是動詞；教育不只是一種活動，它也有一套理論（林玉体，2005）。「教學」乃是學校教育最核心的基本工作（黃政傑，1997；林進材，2004；張清濱，2009）。然而，教學是什麼？從教學史而言，教學應該不只是一種活動而已，其亦應有一套理論、方法或原理原則；它不只是名詞，亦是動詞，甚至是動名詞。

二、若教學為名詞

　　將「教學」視為「名詞」概念時，係指教師以技術性之思維來看待教學，教學是教師預設呈現的靜態文本、內容或教材，包括其中的人、物、事、時、地等具體與抽象之概念。教學若僅以名詞概念視之，容易流於偏重固定教材之呈現，並以單向地、有意圖且忠實地將知識灌輸或傳遞給學生，而學生則進行機械式地模仿或學習教師所教導之內容，充其量學生所獲得的盡是一些「統一」、「零碎」的「標準答案」罷了，而有忽視或貶低學生的聲音與經驗之虞。

三、若教學為動詞

　　若將「教學」視為「動詞」時，係指教師以實踐性之思維來看待教學，將教學視為師生交互作用的動態而非靜態的歷程。其實教學應以學生為中心，關注學生在教學歷程中的所思、所想的具體經驗與感受。換言之，教學不只教師單向傳道、授業與解惑而已，亦為學生內在自我與外在世界的交互作用歷程；甚至是回應所有學生的內、外在的需求及興趣，希望所有教師和學生都能參與、討論、對話、合作、體驗及解決問題的過程。

四、若教學是動名詞

　　然而，將「教學」視為「動名詞」時，係指教師以技術性及實踐性之思維來看待教學，盡情地思索教學的系譜和圖像為何。從後現代教學取向而言，教學既包括動態歷程，也包括靜態層面，教學應充滿不確定性和非預期性的，教學應像魔術師變魔術一樣，無法預期且變化萬千，則能使教室的教學充滿歡愉、挑戰、刺激和創意。易言之，教學應有意圖、固定文本、預定教學計畫、教學進度、標準化評量；但亦應含有師生交互作用歷程，讓教師與學生的聲音、需求、經驗充分融合在教學的藝術之中，才能充分彰顯教學的創造性。

五、小結

　　因此，教學從科學技術觀走向後現代取向，即不應僅侷限於「動詞」、「名詞」或「動名詞」而已；應融合三者才足以展現豐富與多元的風貌。

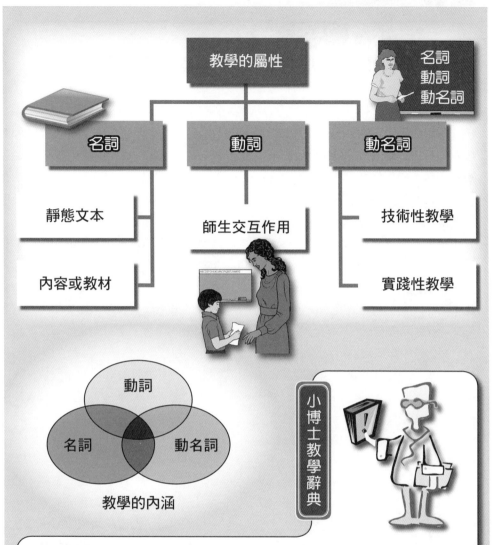

認知地圖

  Tolman 於 1930 年以白老鼠為研究對象,進行「方位學習」(place learning)實驗,其將實驗分成兩個階段。在預備實驗階段,先讓白老鼠熟悉整個環境,發現當三條路皆未設置障礙物時,白老鼠經過練習後會選擇較近的第一條路而捨棄較遠的第二及第三條路;其次,在第一條路放置障礙物,白老鼠很快地捨棄較遠的第三條而選擇第二條通路;第三,在第二條路口亦將之阻塞,白老鼠亦很快地選擇第三條最遠的通路。

  進入正式實驗時,首先在第一條路放置障礙物,發現白老鼠很快地改走第二條路;其次,將白老鼠放回原位,並在第二條路放置障礙物,實驗發現白鼠退回至路口時,改走第三條通路。Tolman 根據此實驗,解釋白老鼠於預備練習階段早已對整個方位地圖有所理解,而提出「認知地圖」(cognitive map)的概念。

UNIT **1-5**
教學包括正式、非正式及潛在過程

一、教學過程的分析

　　傳統教學的實施，師生通常受限於固定的教材、時間、評量與場所，甚至教學內容（如教科書）亦由國家制定。從後現代教學實施取向，教師實施教學的地點，應非僅限於學校或教室內而已，其他諸如社區、機構場所、廟宇、古蹟、私人場所等，皆可成教學實施場地；此外，教學實施的時間，亦非僅限於學期之中而已，寒、暑假或晚上，甚至例假日亦皆可進行教學。

　　換言之，教學不應僅存正式的型態，若屬非正式型態且亦具教與學的意義與目的，亦是教學。另外，教學的形式僅存在「正式」與「非正式」而已嗎？其實不然，教學尚存有「潛在形式」，即教師或學生的「一言一行」、「有形與無形」之間，仍可能對學生產生教學的影響。

二、正式過程之教學

　　將教學視為正式過程，係指教學應有固定的方向、目標、教學內容和有效的引導，以達成預期的教學目的和教學績效責任；不過，卻容易侷限學生的學習視野，限制學生學習其他知識的機會，以致有使教學淪為「教室中心」、「知識中心」之虞，而將教室和學校外的社會、自然、環境、人文等教材摒棄，則教學更容易使學生產生脫離人性與社會範疇之問題。

三、非正式過程之教學

　　若將教學視為非正式過程，即教學不受時空環境的藩籬或固定文本之限制；非正式過程教學，具有隨機式、無目的性、即興的等特性，但容易缺乏明確的目標與方向，漫無限制的教材內容，導致學生無所適從，甚至忽視教學的目的與教學績效。

　　然而，非正式過程教學卻具有擴大學生的知識學習視野，增加學生學習其他知識的機會，孕育涵養心靈，使教學跨出「學校中心」或「教室中心」，將教室和學校外之社會、自然、環境、人文之教材融入，教學具有緊密結合人性與社會之範疇。

四、潛在過程之教學

　　教學應不只僅含「正式」與「非正式」過程，其他諸如對教師或學生一言一行的學習，對教學情境脈絡學習氛圍的感受、領悟或價值，甚至對教師在無形之產生「如沐春風」、「認真執著」、「教不倦」或「學不厭」的體會，也是另一種潛在過程的學習。此部分的學習，特別對於學生的人格與情意層面的養成，也具有非常重要的部分。

　　因此，教學不應偏執某個過程，應兼顧正式、非正式與潛在過程，才不至於將教學當作標準化或制式化的教書歷程，而窄化了教學與學習的目的、意義與價值。

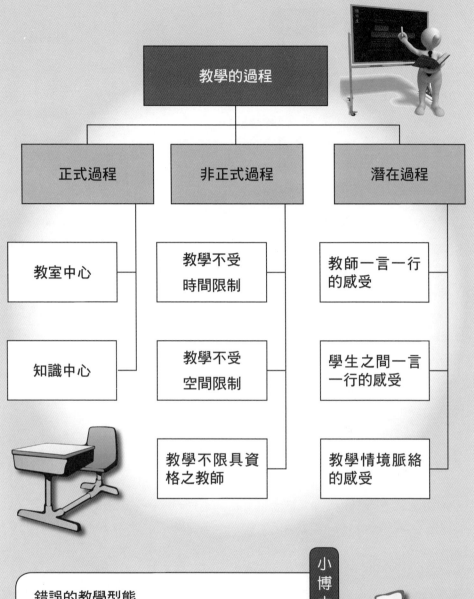

教學的過程

| 正式過程 | 非正式過程 | 潛在過程 |

正式過程
- 教室中心
- 知識中心

非正式過程
- 教學不受時間限制
- 教學不受空間限制
- 教學不限具資格之教師

潛在過程
- 教師一言一行的感受
- 學生之間一言一行的感受
- 教學情境脈絡的感受

小博士的提醒

錯誤的教學型態

　　在教學的型態中，師、生一定要同時以正式方式存在，若無教師、無學生存在，則教學一定不存在且無法實施；其次，僅有教師而無學生，或只有學生而無教師，甚至雖有教師、有學生存在，但無實施教學或學生無學習情形，則教學亦不存在。

UNIT 1-6
教學既是科學亦是藝術的展現

一、教學的屬性分析

長久以來，學者們對於教學是科學或是藝術之問題，一直爭論不休。如 Smith（1987）即曾提出「教學是科學還是藝術？」之問題。

二、若教學為科學取向

主張教學是科學者認為，教學在於追求真理知識，具有實用之目的，教學之建構亦應依循科學法則，以達成預測、控制與解釋之目的；換言之，教學不能憑空幻想與自由心證，甚至受到意識型態的主觀影響，而失去求真的目的與價值。

三、若教學為藝術取向

主張教學為藝術者，認為教師的教學過程應融合藝術技巧，教學之目的在於陶冶學生性情，喚起學生的藝術美感。教師不是商人，也非依樣畫葫蘆的人或照相師（Dewey, 1934）。教學方法不應僅只有邏輯的、工具的、理性的與線性的思維而已，教學方法仍應存在諸如非邏輯、非工具、非預測、非線性等另類思維，教學才不致流於固定、僵化與呆板。

教師若將教學視為一種藝術表演，即在教學實施過程中，將多元藝術取向融入教學之中，一方面發揮藝術的引導作用，向學生傳遞客觀的事實、概念或知識；另一方面，亦須藉由語言、非語言和超語言等藝術邀約方式，融入藝術美感元素，使用一種不得不讓學生佩服、感動、鼓舞或激勵激發學生的創造力與想像力，則可有效促進學生理性知識與感性經驗的和諧發展。

教師的教學方法不能脫離「人」而在真空中進行（林玉体，2005）。當教師實施教學時，若能適時地融入藝術元素，使教學具有藝術引導與藝術邀約之作用，而學生對教學則能產生「愉悅之美」與「讚賞之美」的感動，即有別於教學的技術取向，更能充分彰顯教學存在的意義與價值。

四、教學既是科學亦是藝術

不過，有第三派學者主張，教學既是一種科學，也是一種藝術（Gage, 1978；Eisner, 2003；林玉体，2005）。教學有科學的部分，但亦有藝術的成分；教師的教學應該是藝術的，但許多教師的教學卻是官僚式的（歐用生，2006），而產生「錄音機式教學」或「三板式教學」等現象。教師應不囿於技術的、固定的、僵化的教學方法或程序，若能融合藝術取向，則教學必然能吸引學生，並有效提升教學效能與增進學生學習效果。

因此，教學應秉持科學精神，以系統方式引導學生追求「真實」、「客觀」知識，並兼顧學生鑑賞能力之培養，及教師教學方法的藝術之美。

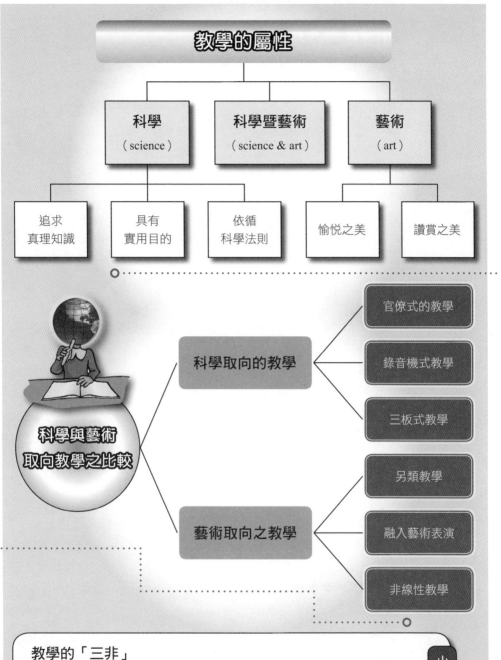

教學的屬性

- **科學**（science）
- **科學暨藝術**（science & art）
- **藝術**（art）

- 追求真理知識
- 具有實用目的
- 依循科學法則
- 愉悅之美
- 讚賞之美

科學與藝術取向教學之比較

科學取向的教學
- 官僚式的教學
- 錄音機式教學
- 三板式教學

藝術取向之教學
- 另類教學
- 融入藝術表演
- 非線性教學

教學的「三非」

1. 教學之形式，並非完全即興式，即興之中仍含有理性的計畫思考，理性計畫思考中，亦仍存有即興式的教學成分。
2. 教學之成敗，並非僅由教師或學生承擔，應由師生雙方共同承擔責任。
3. 教學之實踐，並非一味模仿與套招，仍應有其所依循的教學理想、意圖、思考與價值。

小博士的提醒

UNIT **1-7**
教學應價值中立也含有價值涉入

一、教學的價值問題

Freire（1993）曾說：「教育永遠不是中立的，因為其不是用來馴服人民，就是用來解放人民。」換言之，教師的教學不是馴服學生，就是啟迪學生的思考。教師本身應質疑：傳「誰」的道？授「什麼」業？及為「何人」解惑？甚至應引導學生分析與批判「誰的」及「什麼」知識最有價值。

二、教學秉持價值中立

在傳統的教學過程中，教師居於控制與主導的地位，教師將其認為有價值的知識傳授給學生，進行知識的「傳道、授業與解惑」；其實，教師的教學，其目的不僅止於知識、技能之傳授而已，亦於潛在的過程中讓學生獲得各種價值判斷，間接塑造或改變學生的行為與態度。然而，教師能否利用教師對學生的優勢地位而強行灌輸其價值觀，迫使學生接受或認同其未被質疑的價值觀呢？

雖然很多學者專家皆認為，教學的主體是學生，亦為價值判斷的主體。學生不是知識或價值的容器，學生所獲得的價值判斷，不論是主觀或客觀中立，皆應完全出自於個人自由的決定與選擇，而非外在事實或環境因素所主宰；即教師不應利用對學生的優勢地位，而強行灌輸教師絕對的價值觀。

三、教學隱含價值涉入

價值乃人類對事物的好、壞、優、劣之判斷。價值乃客體相對於主體而言，主體若是人，則價值乃相對於人而言，離開了人來探討價值，即無實質的意義可言。教學的主觀或客觀之價值，並無絕對好壞之分，價值中立並非意謂完全排斥價值成分；價值中立的目的，不能完全排斥價值，反而要使教學價值變得更豐富。教師在教學實施過程中，不應隱含先入為主或簡化教學的價值觀。

教學雖應保持價值中立之精神，不應帶有任何的偏見或預設立場。然而，教學是否能完全真正離開或實現價值中立呢？價值中立是否應為教學合理化過程的必然結果呢？值得我們深入思辨與釐清。其實，任何全然價值中立的認定本身即是一種價值的判斷，價值中立雖成為教學一種必然的選擇，但仍有其有限性，教學要達到完全價值中立之程度，似乎成為一種理想。實際上，教師在實施教學過程中，或多或少皆無法逃避某種程度的價值涉入或選擇。

因此，教師若能理解教學具有解放、啟發、引導之功能，在實施過程即應不斷透過師生的對話過程，引發學生的批判意識，則更能協助學生找到或形成更完整的、創意的價值思維主體性。

囤積式教育
（banking education）

　　由巴西教育學家保羅·弗雷勒（Paulo Freire）於《受壓迫者教育學》（*Pedagogy of the Oppressed*）一書中所提出的觀念，弗雷勒認為教育不應將學生當成灌輸知識的容器，進行知識的傳遞工作而已；教學應促進學生知識的轉化與實踐，並有效喚起學生的意識覺醒，以更彰顯教育的實質意義。

UNIT 1-8
教學不僅強調歷程亦重視結果

一、過程與結果之爭

傳統的教學方式皆以教師為中心，教師在教學上往往要求學生要認真學習，卻很少關心或忽略學生主動參與教學的歷程。而一般人也經常以二分法的方式，把教學視為必然之結果，或將教學視為必然之過程。

此種將教學視為純然之結果者，強調教師的**「教學績效責任」**導向，教學一定要有企圖、目的及結果的產生。將教學純粹視為過程者，則認為教學應提供學生**「有意義和快樂」**的學習經驗與生活，並非為達成外在的教學目的而已。因此，教學的結果與歷程從學校教育實用觀點而言，即不應以二分法加以區隔，才能使教學既兼顧形式也兼具實質意義與內涵。

二、教學研究典範的看法

另從教學研究來檢視教學，依教學研究的典範、旨趣、研究環境及其時期之改變，大致可分成「特質研究」、「過程－結果」、「教師思考」、「教室生態學」、「教師知識」等研究（林進材，2000）。

從「過程－結果」模式，發現此典範受到「效能／效率」導向之影響，以探討「教師的教學行為」與「學生的學習成就」之間的必然關係為何；換言之，此典範企圖經由理性的探討分析，以歸納教師應具有何種有效的教學模式，以產生某些最有效的教學結果或學習成就，更強調教學的「歷程－結果」之間緊密連結的關係。

三、教學應兼重過程與結果

教學活動除了教師努力進行教學的規劃、設計、實施與評量之外，亦需要學生積極地參與學習活動；換言之，教學乃是一種必然的師生互動歷程。

教學之目的即在教導或引導學生進行有目的及有意義的學習，教師若只重視教學歷程，而不問學生的學習結果，則可能產生無效的結果；若只重視教學的結果，而不問教學歷程的合理性，則可能產生揠苗助長或扭曲教學的價值。換言之，教學的歷程與結果兩者皆扮演相當重要的角色，缺一不可。

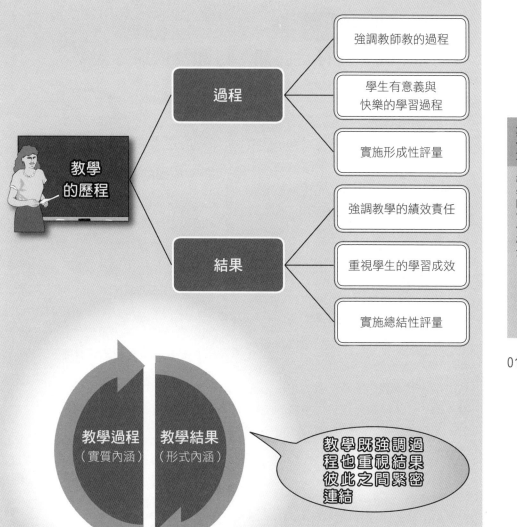

教學
的歷程

過程 ─ 強調教師教的過程

學生有意義與
快樂的學習過程

實施形成性評量

結果 ─ 強調教學的績效責任

重視學生的學習成效

實施總結性評量

教學過程
（實質內涵）

教學結果
（形式內涵）

教學既強調過
程也重視結果
彼此之間緊密
連結

小博士教學辭典

傳統 3R 和另類 3R

　　傳統的 3R 教學，通常指教室
中教師所進行的「讀」（reading）、
「寫」（writing）、「算」
（arithmetic）等活動。而另類 3R
則指學生在教學歷程中，應具有
的「責任心」（responsibility）、
「推理能力」（reasoning）、「抗壓
恢復力」（resilience）等，使教師
的教學實施更順暢。

UNIT 1-9
教學需符合認知、自願及價值等規準

一、教學規準的內涵

英國教育學者皮特斯（R. S. Peters）於 1966 年提出，教學須符合「認知性」、「自願性」與「價值性」等三個標準，才是所謂的教學；其目的可作為教師檢視自己的教學目標、教學內容、教學活動、教學過程及教學結果是否符合應有的標準。

當教師的教學僅符合認知性的規準，卻無法有效激發學生的自願性，即積極主動與願意學習的精神，傳授的教學內容也不符合社會所需的價值規範，則可明確判斷而歸之為非教學。

若教師的教學無法符合認知性的規準，即未奠基於認識論或知識論的基礎上，即使學生相當主動且積極學習，充其量僅可歸之於一般的「談話性」的節目，仍然亦無法稱之為教學。

同樣地，若教學僅符合社會價值規範，但未兼顧認知性與自願性，則應屬於教條式的宣導，也無法稱之為教學。

二、教學的認知性規準

教學本質上即應符合某些規範，才能稱為教學。「認知性」規準係奠基於認識論或知識論的基礎之上，指教學內容應合乎事實的認知，其要件必須具有充分、確實的證據，且能經過他人和時空的考驗，反覆檢驗其真假，具有可證實性（verifiability）和否證性

（falsifiability）；如太陽從東邊升起，由西方落下，雖歷經千年不因人事物之更替而改變。

三、教學的自願性規準

「自願性」係奠基於發展與學習心理學，指教學過程應兼顧學生的身心發展，並尊重學生學習的自由意志、動機與意願，使學生願意學習、樂於學習，而非受外在力量的強迫、威脅或灌輸而進行學習。教師在教學實施方面，唯有完全尊重學生個人學習的自由意願，不過於苛求或揠苗助長，才能激發學生學習的內在動機與驅力。

四、教學的價值性規準

「價值性」係奠基於倫理學、道德哲學和美學的基礎之上，指教學的結果或目標必須具有意義及符合道德的規範。教學的本質乃是一種倫理的事業（moralistic undertaking），亦是一種道德的行動（Campbell, 2000）。教學之目的除了培養學生未來成為「知識的巨人」外，在人格與倫理道德的養成上亦負有艱鉅的任務，即希望學生能夠將其所知所學，應用於日常生活或社會之中，發揮利他主義的精神，使我們的社會更美好，學生未來能成為高品質的好公民，而非成為「高智能、低道德」或「知識的巨人、生活的侏儒」的問題人物，且製造各種社會問題。

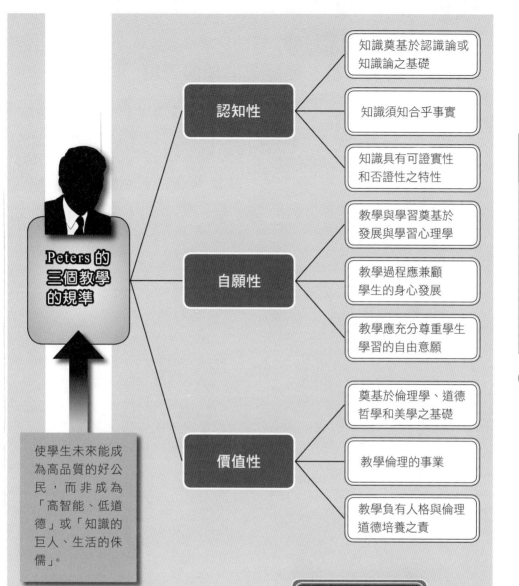

Peters 的
三個教學
的規準

認知性
- 知識奠基於認識論或知識論之基礎
- 知識須知合乎事實
- 知識具有可證實性和否證性之特性

自願性
- 教學與學習奠基於發展與學習心理學
- 教學過程應兼顧學生的身心發展
- 教學應充分尊重學生學習的自由意願

價值性
- 奠基於倫理學、道德哲學和美學之基礎
- 教學倫理的事業
- 教學負有人格與倫理道德培養之責

使學生未來能成為高品質的好公民，而非成為「高智能、低道德」或「知識的巨人、生活的侏儒」。

小博士教學辭典

行動學習（mobile learning）

　　行動學習係指跨越時間與地域疆界之限制，充分運用可攜式的個人電腦工具進行學習，如筆記型電腦、PDA、iPad、行動電話、雲端計算等。其便利性在於提供各種不同的學習素材與管道，並具有學習立即回饋之功能。

UNIT 1-10
教學即是一種專業倫理的表現

一、教書匠與專業教師之別

教書匠（instructor）和專業教師（professional teacher）的最大之區別，即在於專業性之表現。

美國教育協會（1948）指出，教學專業的規準包括：(1) 教學屬於高度的心智活動；(2) 教師應具有特殊技能；(3) 教師須受過長期的專業訓練；(4) 教師需不斷地在職進修；(5) 屬於永久性的職業；(6) 以服務社會為目的；(7) 應設立健全的專業組織；(8) 須訂出可行的專業倫理守則。

由此可知，教學要成為一種專業而非技藝之表現，除須以堅實與穩固的專業知識為基礎外，仍須符合這些規準的要求。

二、教學活動之特性

教師所進行的教學活動，無庸置疑的乃屬於教師和學生之間的一種高度心智活動，如同醫師以醫學的專業知識為基礎，運用其高度心智活動對病患進行診斷，並開出最有利於醫治病患的處方，此即專業性之表現。教師面對複雜、多變和模糊的教學情境，更須以教學的專業知識為基礎，對教學的情境脈絡進行詮釋與分析，以形成最有利學生學習的判斷和行動。

三、教學專業逐漸形成國際共識

近幾十年來，教師的教學是否為一種專業之表現，已逐漸形成國際共識。1966 年聯合國教科文組織 UNESCO 首先提出有關「教師地位之建議」（Recommendation Concerning The Status of Teachers），強調教師專業性的重要，顯示教師專業性除已受到相當的重視外，並已逐漸形成國際的共識。

1986 年美國「何姆斯小組」（Holmes Group）在「明日教師」（Tomorrow's Teacher）及 Carnegie Task Force 在「已就緒的國家：二十一世紀的教師」（A Nation Prepared: Teacher for the 21th Century）等所先後發表的二份報告書中，更提出許多有關教師專業發展的建議及設計，使教師的專業發展愈來愈受到強烈的關注與重視；而美國聯邦政府並以此為基礎，建立並推動許多提升教師教學專業方面之措施；而此亦成為世界各國政府陸續推動師資專業革新的重要參考。

因此，教師要提升專業性之表現，避免造成教學實施與結果的不確定性與模糊性，必須以教學的專業知識為基礎，熟知如何及為何實施教學，並能覺察與判斷學生是否理解及吸收教師所傳授的知識。

教書匠與專業教師之別

不具專業特質	具有專業特質
教書匠	專業教師

1948 年美國教育協會八個專業規準

1. 教學屬於高度心智活動

2. 教師應具特殊的技能

3. 教師須受長期的專業訓練

4. 教師需不斷地在職進修

5. 教師屬於永久性的職業

6. 教學以服務社會為目的

7. 應設立健全的教師專業組織

8. 教師應遵守專業倫理守則

1966年聯合國教科文組織（UNESCO）首先提出有關「教師地位之建議」。

1986 年美國 Holmes Group 在「Tomorrow's Teacher」及 Carnegie Task Force 在「已就緒的國家：二十一世紀的教師」提出許多有關教師專業發展的建議及設計。

形成國際共識教學專業逐漸

第 **2** 章

二十世紀心理學家如何看教學

●●●●●●●●●●●●●●●●●●●●●●●●●●●● 章節體系架構 ▼

　　心理學乃研究人類（或動物）行為的科學，其意圖在於了解、預測和控制個體的行為。二十世紀的心理學家提出許多的理論，每位心理學家皆對心理學有其不同的主張，且對教學而言亦皆具有相當重要的啟示與意義，本章選擇了十幾位重要及具代表性的心理學家，先陳述其所提出的理論與主張，接著反思這些理論或主張對教學的意義、功能與價值。

UNIT **2-1**
由哲學走向科學發展的心理學

一、心理學的出現與三大學派

　　「心理學」源自西方，古希臘的哲學家蘇格拉底、柏拉圖、亞里斯多德等，即開始對「心」或「心靈」進行非科學的主觀探究。「心理學」的英文「psychology」，源自希臘文的「psyche」（靈魂或心）和「logos」（研究或理性）。心理學一詞顧名思義，即探討或研究人類的「心」之學問。然而「心理學」一詞，最早正式出現於 1826 年德國哲學家赫爾巴特（Herbart）的「心理學教科書」之中。

　　西方自十九世紀後，心理學逐漸走向科學的研究，且於二十世紀一直支配西方和非西方國家心理學的發展。而其主要約分成三大學派，首先於二十世紀初發展最早的「行為學派」（behaviorism）；其次，盛行於 1950 年至 1960 年的「認知學派」（cognitivism）；第三，發展於 1960 年至 1970 年的「人文學派」（humanism）等，這三個學派對心理學發展與理論建構，皆產生很重要及深遠的影響。

二、心理學研究的轉向

　　西元 1879 年德國心理學家馮德（Wundt）首創心理學實驗室，將科學方法帶入心理學研究領域，希望心理學能像自然科學一樣，以客觀而嚴謹的研究方法探究人的內心歷程，開啟了科學心理學研究之路。至西元 1913 年美國的華生（Watson）揭示行為主義的觀點，認為心理學研究，不應僅以內省法（introspection）研究人的意識層面而已，尚須以直接、客觀、可測量的外顯行為反應進行研究，才是科學的心理學，等於正式宣告將心理學視同自然科學。

三、心理學對教學的影響

　　二十世紀的科學心理學，以客觀、可觀察、嚴謹的、可測量的方式進行研究，乃無可逃避的選擇，且為心理學創造更寬廣的發展之路。

　　心理學的科學的發展，意謂以科學角度探究教學，乃必須要走的路。教學除以非科學的主觀探究－內省法，如理解、反思、對話等進行探究外，了解教師如何建構教學與學生如何學習，並輔以科學方式蒐集的可觀察、量化之客觀的數據資料，對教學研究、績效責任與教學效能提升，乃有相當正面的幫助。

　　科學心理學的發展於二十一世紀前夕達到巔峰，心理學家亦開始思考「科學心理學」發展的限制與相關之問題。如從世界各國的種族、文化、社會及歷史觀點來看，心理與行為之間仍存在許多的差異，僅以歐美所建立的科學心理，未必能取代全人類的心理與行為。另外，受到全球化、多元文化、後現代主義的發展趨勢，心理學似乎也逐漸朝向「本土化」、「多元文化」、「女性主義」、「實踐取向」等方向發展。

心理學家的簡介

·········o 馮德（Wilhelm Maximilian Wundt, 1832-1920）

德國著名的心理學家和生理學家，首創將科學研究方法引進心理學研究領域，他被普遍公認為實驗心理學和認知心理學的創始人。

| 十九世紀的 哲學心理學 | 二十世紀的 科學心理學 | 二十一世紀的 後現代心理學 |

 哲學心理學

古代希臘哲學家蘇格拉底、柏拉圖、亞里斯多德等人，以人類主觀的感覺、心靈、意識等探討「心」是什麼，開啟心理學領域的探討。

1879 年德國的馮德成立心理學實驗室

1950 年 -1960 年
人本學派心理學

1960 年 -1970 年
認知學派心理學

1913 年美國的華生提出行為主義宣言

心理學多元主義

1. 本土化心理學。　　2. 多元文化心理學。
3. 女性主義心理學。　4. 實踐取向心理學。

UNIT **2-2**
由外在行為走向內在思考的認知心理學派

一、行為學派的興起

行為學派是心理學發展最早的理論，盛行於 1930 至 1960 年之間。行為學派主張外顯行為係「刺激－反應」之間的連結。易言之，行為學派認為教師的教學與學生的學習乃屬於「刺激－反應」之間的連結；因此，建議教師在教學時，應提供滿足學生需求的教學刺激，才能使學生產生預期的學習反應；而此派在教學上最大的貢獻，莫過於提出「編序教學」和「行為改變技術」。

二、認知學派的崛起

1930 年之後，認知學派逐漸萌芽發展，並逐漸盛行於 1950 及 1960 年代。認知取向的教學，主張教師的教學乃一種介入學生知識建構之歷程，教師必須提供學生各種建構知識的訊息，以激勵學生建構知識的驅力；其次，教學必須以學生的先備知識為基礎，以對話、討論、譬喻和類比等方式，將抽象概念具體化。另外，以目標導向的認知學習，則在促使新、舊知識產生連結，學生必須利用已知去建構未知，學習目的不在記憶訊息乃在詮釋訊息；而學生若要達到有效學習，則學生本身必須主動進行良好的自我監控、精緻化及自我表徵學習的行動策略。

認知心理學一詞開始廣為引用與流傳，始於 1967 年奈色（Neisser）出版《認知心理學》一書開始。認知心理學派主張學習者乃積極的訊息處理者，強調個體內在心理運作與個體知覺領悟的重要性，其與強調外在「刺激－反應」連結與忽視「內在心理」的行為學派截然不同。而此派代表人物，包括皮亞傑（Piaget）、布魯納（Bruner）、奧蘇貝（Ausubel）和維高斯基（Vygotsky）等。

瑞士心理學家皮亞傑於 1930 年後，提出「認知發展論」，將人類的認知發展共分成四個階段。布魯納則於 1960 年倡導「發現學習論」，對人類「認知表徵」的解釋與「知識結構」的討論，提供教學與學習的方向。

1968 年奧蘇貝的「意義學習論」（meaningful learning theory），主張教學應配合學生的能力與經驗，才能產生有意義的學習。維高斯基則於 1935 年則提出「鷹架學習論」及「近側發展區」（the zone of proximal development, ZDP）的概念；近側發展區指出兒童心理年齡的發展與後天學習可達到發展水平之間的一段差距，即兒童可能的近側發展區。認知取向的教學係一種介入學生知識建構歷程，教學在於提供訊息，將抽象概念具體化，注意學生的認知、動機、情緒及社會文化背景之間的關係，以協助學生建構知識及激勵學生意願去建構知識。

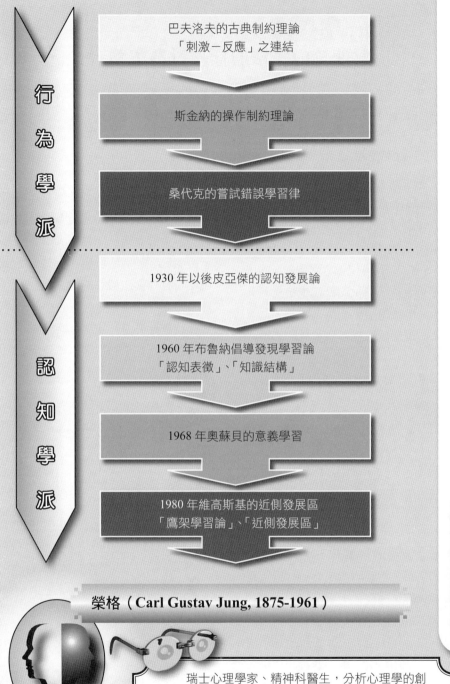

心理學家的簡介

榮格（Carl Gustav Jung, 1875-1961）

　　瑞士心理學家、精神科醫生，分析心理學的創始者。榮格始終相信有靈魂（soul）存在，認為自己是「經驗科學家」，曾提出自主精神基礎之「有心靈的心理學」（Psychology with psyche）之概念。

UNIT 2-3
反對傳統內省法的極端行為主義者——Watson

> 1926 年華生（Watson）曾誇口說：給我一打健壯的孩子，我可以保證讓他們變成律師、醫生、藝術家……，甚至乞丐和小偷……

圖解教學原理與設計

一、極端行為主義者——華生

　　華生（John Watson）係行為主義（behaviorism）的創始人之一，奠定行為主義（behaviorism）的理論基礎，素有「激進行為主義者」（radical behaviorist）之稱。現代心理學領域的學習觀點，皆可在華生的著作中尋覓到其根源，而華生所提出的行為理論之假設和方法，更深深影響其他領域的心理學研究。

　　華生反對以傳統的「內省法」（introspective method）來研究心理學，他認為心理學屬於一門科學，必須遵循自然科學法則，應能夠被檢視、複製、觀察與量化，以達預測、控制與解釋個體行為之目的。因此，他認為研究心理學應該研究可觀察的行為及比較動物的行為為主。

　　華生認為個別差異乃環境變異所造成的結果，個體的意識與心智過程是沒有意義的，因此他拒絕承認「心靈」（mind）的存在，將個體視為如同傀儡一般的被動。換言之，即否認或忽視內隱心智過程對個體行為所造成的影響。

　　由於行為學派重視環境對個人行為的影響，因此強調應以各種教學方法來加強對學習者的控制，例如布置教室的教學環境，使用正增強以激勵學生的學習興趣。強調以教師為中心，強調要訂定明確的教學目標，由教師示範說明及指導練習，使學生的學習有充分練習的機會。教師更應扮演領導者、診斷者、示範者、評鑑者的角色，對於學生學習困難及行為提出明確的建議，並訂定相關規律要求學生遵守。在教學評量中，重視過程性評量和總結性評量，亦同時強調個別化評量和學習目標達成之精熟度，及是否對真實情境產生遷移。

二、行為改變技術的方法

　　一般教師在教學歷程中，經常使用的行為學改變技術，大致包括：(1) 類化（generalization）；(2) 辨別（discrimination）；(3) 消弱（extinction）；(4) 增強（reinforcement）；(5) 處罰（punishment）；(6) 代幣制（token）；(7) 自我肯定訓練（assertive training）；(8) 系統減敏感法（systematic desensitization）；(9) 自我管理（self-management）等。

　　不過，行為改變技術雖有立即改變的效果，但教師使用時仍應考量其後果、限制、使用時機及學生的個別差異等問題，以避免未蒙其利而先受其害。

行為改變技術方法	1. 類化（generalization）
	2. 辨別（discrimination）
	3. 消弱（extinction）
	4. 增強（reinforcement）
	5. 處罰（punishment）
	6. 代幣制（token）
	7. 自我肯定訓練（assertive training）
	8. 系統減敏感法（systematic desensitization）
	9. 自我管理（self-management）

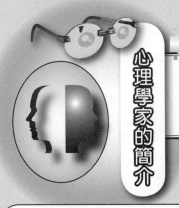

心理學家的簡介

華生（John B. Watson, 1878-1958）

　　美國的心理學家，因研究動物行為而創立了心理學行為主義學派，強調心理學係以客觀方式研究外在可觀察的行為。

小博士教學辭典

精熟學習（mastery learning）

　　「精熟學習理論」係由美國心理學家布魯姆（Bloom）於1968年提出的，其將教材分成許多小單元，並於教完一個小單元後即進行評量，而評量題目之甚度不宜太艱深，以使全部學生均能達到80-90%的正確與精熟之程度；對於未達精熟程度者，則施予補救教學後，再進行評量施測，直到精熟程度再進行下一個小單元；對於學生程度較快的學生，則實施充實教學，以加深加廣其知識或技能。

UNIT 2-4
從狗發現古典制約反應的 Pavlov

一、巴夫洛夫的狗

俄國生理學家 Pavlov（巴夫洛夫）進行狗的消化實驗，發現唾液分泌反應的現象。Pavlov 發現把食物拿給狗吃，當然會引起唾液增加的反應，然而更有趣的乃當狗聽到研究人員的腳步聲時，狗也竟然就開始分泌唾液，Pavlov 由此而獲得進行實驗的靈感。

在此實驗中，食物扮演「非制約刺激」（unconditioned stimulus, UCS），唾液增加乃「非制約反應」（unconditioned response, UCR）；Pavlov 進一步以鈴聲進行實驗，每當食物出現時即伴隨鈴聲，經數次後發現，只要狗一聽到鈴聲，即使沒有給予食物，狗仍出現大量的唾液分泌；而此腳步聲（或鈴聲），乃屬於「制約刺激」（conditioned stimulus, CS），此時唾液分泌的反應，即「制約反應」（conditioned response, CR）。

因此，在適當的控制情況下，亦可建立「刺激－反應」的連結關係。Pavlov 雖然不屬於行為學派，但其實驗卻對以後美國行為學派的興起產生引導作用，其實驗被稱為「古典制約理論」（classical conditioning theory），其理論說明了在控制的情境下，某種原無法使個體產生反應的制約刺激，若伴隨另一個能產生該反應的非制約刺激出現數次之後，亦能引起制約反應之間新的連結關係。

二、古典制約在教學的應用

古典制約在教學方面的應用非常廣泛，例如當學生在教室中吵鬧時（UCS），會引起教師的責罵（UCR），若教師跟學生約法三章，當學生太吵鬧時，老師說「最高品質」一詞（CS），學生即說「靜悄悄」（CR），則不會引起老師的責罵（UCR），經過數次的制約練習，只要老師上課時發現學生秩序太吵鬧或失序，即可以「最高品質」一詞之訊息來維持學生的秩序，則可有效提高教學的品質與效率。

因此，在教學環境中，教師應儘可能製造使學生愉悅的「制約刺激」（如有趣的數學、和藹可親的老師），而非惱人的「非制約刺激」（如高深的數學、冷酷的老師），以提高學生的學習興趣與動機。

古典制約理論雖提供解釋「刺激－反應」之間連結的簡單關係，但仍有其不足之處。張春興（1996）指出，古典制約模式僅適合解釋「刺激－反應」的連結關係，無法解釋連結學習以外的其他事實；如滿週歲嬰兒開始學習叫「媽媽」，並非成人引導的非制約刺激反應之聲音，乃嬰兒發音器官成熟而自動發出之聲音。此外，此理論模式限制必須先有另外一種刺激以引起該種反應，才能建立另一「刺激－反應」之間新的連結，以致許多熟知的行為無法解釋（張春興，1996）。

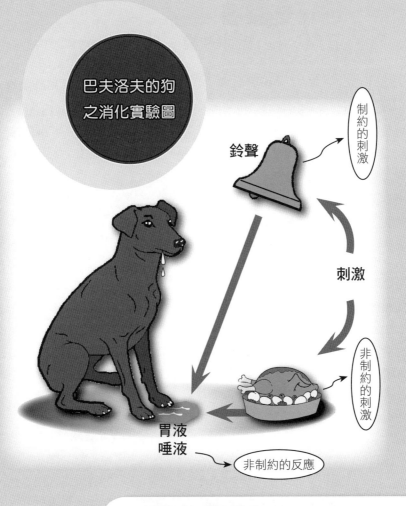

巴夫洛夫的狗
之消化實驗圖

鈴聲

制約的刺激

刺激

非制約的刺激

胃液
唾液

非制約的反應

心理學家的簡介

········○ 巴夫洛夫（Ivan P. Pavlov, 1849-1936）

　　俄國的生理學家、心理學家和醫師。曾進行狗的行為研究而發現「古典制約」理論，並於 1904 年因消化系統的研究而得到諾貝爾醫學獎。

UNIT **2-5**
發現「操作制約論」的 Skinner

一、Skinner 比 Watson 更激進

Skinner（斯金納）素有「**行為取向心理學之父**」，不信人類有選擇行動的自由，乃「**新行為主義**」代言者，也是「**環境決定論者**」（determinist）。Skinner 受 Watson 之影響，且比 Watson 更激進，常自稱是「**徹底的行為主義者**」，認為心理學是一門行為科學，揚棄主觀內省法，並否定意識、自我、心靈等之存在，主張採用自然科學的實驗方法來研究個體的外顯行為，以預測、解釋與控制個體的行為。

Skinner 接受古典制約理論，並修正 Thorndike 的實驗設計，而提出「操作制約理論」或稱「工具制約理論」；此理論強調**環境因素**對個體行為的產生具有重要的影響。

Skinner 認為人類雖具有「感覺」與「思考」，但此並非決定人類行為唯一的「因」（caused）；相反地，客觀與可觀察的環境條件，乃構成行為因果關係的必要條件。其理論的「增強作用」（reinforcement）與「後效強化」（contingent reinforcement）乃最重要的兩個觀念，強調外在環境因素對個體行為所產生的重要影響力。

二、古典與操作制約之比較

Skinner 實驗與 Pavlov 實驗的差異，包括三方面；第一，Skinner 的操作制約認為新連結的建立，乃在於「反應與強化物」；然而，古典制約理論則認為新連結之建立，乃「刺激與反應」。其次，古典制約的反應是被動的，而操作制約的反應則是主動的。第三，古典制約的非制約刺激在前，非制約反應在後，且後者乃前者所引起；而操作制約則是制約反應在前，非制約刺激在後，非制約刺激的出現，係由個體制約反應的結果，而制約反應係由個體主動自發的，非由外界固定刺激所引起的。

三、Skinner 實驗對教學的貢獻

Skinner 實驗對教學的貢獻，包括三方面；第一，教師應分析教學行為和學習結果之間的關係，善用增強作用與後效強化以提升教學和學習效果。第二，將編序教學法應用在教學方面，以產生有效的教學效果。第三，敏於觀察學生的學習反應，將行為改變技術應用於教學中，主動提供學生學習滿足的增強物，強化學生的有效學習行為，以提升教師的教學效果。例如，對於表現優異學生提供獎品、獎金、記功嘉獎、口頭鼓勵、讚美等；對於表現不佳或擾亂秩序的學生給予口頭警告、適當處罰或給予低分數等，以減少負向學習行為表現。

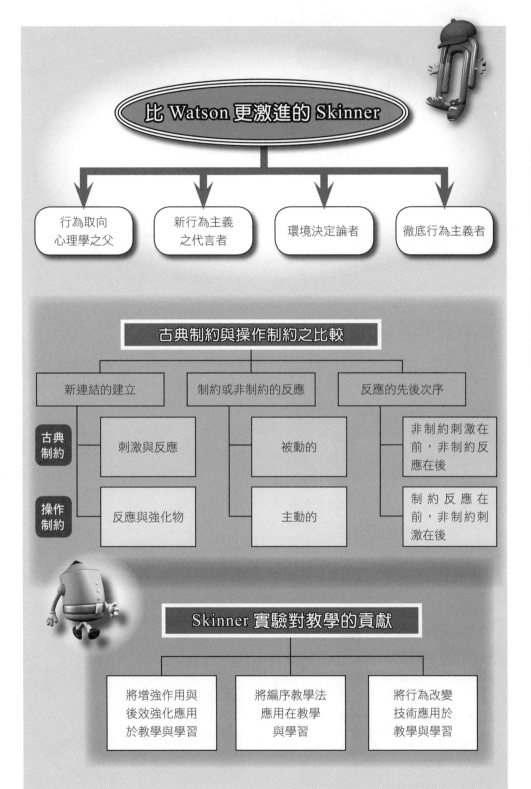

UNIT 2-6
提出「嘗試錯誤」學習的 Thorndike

一、Thorndike 的迷籠子

Thorndike（桑代克）乃當代美國行為學派的創始人之一，於 1898 年在美國哥倫比亞大學以〈動物的智慧〉（Animal Intelligence）一文取得博士學位，而掀起動物心理學領域研究的風潮（張清濱，2009）。古典制約理論認為行為的產生乃「刺激－反應」的連結關係，但桑代克認為「刺激－反應」之間的連結是否導致學習的產生，其中「增強物」扮演重要的關鍵。

Thorndike 最著名的貢獻即迷箱實驗，其將一隻飢餓的貓，關在特別製造且無法輕易逃脫的迷籠子（puzzle box）裡進行實驗，並在迷籠子外掛了一條魚，如果這隻餓貓想要吃到那條魚，則必須扯開線圈並打開門而逃出迷籠，才能吃到迷籠外面的魚；Thorndike 在這實驗中，推論人類學習的練習律、效果律和準備律等三個定律。

二、Thorndike 的三大定律

(一)練習律（trail law）

由於餓貓很想吃到那條魚，一開始盲目地亂撞亂壓，甚至咬繩子，這隻貓在偶然機會中拉到繩子而解開門時，立刻到籠子外面吃那條魚；此時 Thorndike 立即將餓貓和箱子皆恢復原狀，再次進行實驗，經重複數次後發現，這隻餓貓錯誤的次數減少，最後終於學會一次即能拉開繩索而到籠子外吃那條魚。

根據這個實驗，Thorndike 發現餓貓錯誤的次數逐漸減少，乃經不斷嘗試錯誤與練習而減少錯誤的產生，並歸納出「嘗試錯誤學習律」（trail and error law），或稱為「練習律」。

(二)效果律（law of effect）

Thorndike 亦發現，當餓貓打開籠門後，而獲得令貓滿足的結果──吃到美味的魚，更強化了學習打開門的這個動作，此即所謂的「效果律」。

(三)準備律（law of readiness）

由於籠子外的那條魚，使餓貓產生準備要跑出籠子外，並吃到那條魚的預備狀態，此即「準備律」。

三、Thorndike 理論的教學啟示

Thorndike 實驗所獲得的三個定律，盛行於本世紀初至 1930 年代，他認為任何的學習必受到此三個定律影響，而其對教學亦具有相當重要的啟示。首先，教師在準備教材時，必須事先確定其是否適合學生的學習程度，如果學生對教材感到陌生、艱深與難以理解，則學生並無法產生高昂的學習興趣。

此外，教學上運用正向鼓勵與適當獎勵之措施，雖可有效地強化學生的學習行為，但消極的懲罰亦會導致學生喪失學習興趣與動機。第三，當學生面臨不知如何解決問題時，教師應引導學生嘗試其他不同的解決問題方式，使其獲得學習的滿足感。

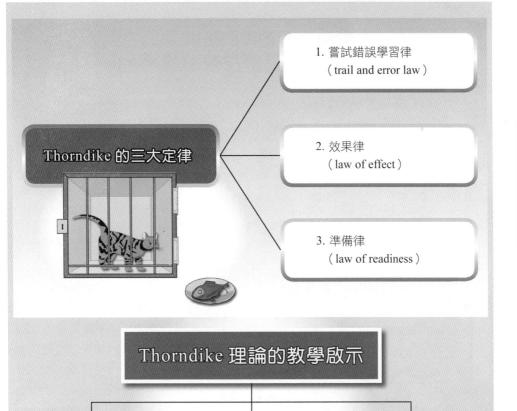

Thorndike 的三大定律

1. 嘗試錯誤學習律
（trail and error law）

2. 效果律
（law of effect）

3. 準備律
（law of readiness）

Thorndike 理論的教學啟示

| 教學前應先確定教材內容的合適度 | 教學歷程中應適時運用正向鼓勵方式 | 嘗試引導學生以不同的方式解決問題 |

心理學家的簡介

○桑代克（Edward Lee Thorndike, 1874-1949）

　　美國的心理學家，行為學派創始人之一，被稱為教育心理學之父。其與 Skinner 乃提出「強化理論」的代表人物。

UNIT 2-7
主張「認知發展階段論」的 Piaget (1)

一、認知發展階段論的影響因素

瑞士兒童心理學家 Piaget（皮亞傑）所提出的「認知發展階段論」（the theory of cognition developmental stage），乃影響二十世紀兒童發展理論最重要的理論之一。他認為個體的認知發展決定於「平衡」、「成熟」、「經驗」和「社會互動」等四大因素。

「平衡」通常係指「認知基模」（cognitive schema）的「同化」（assimilation）與「調適」（accommodation）。兒童經由與環境的互動過程，逐漸建構與發展個體認知基模。當兒童在環境中無法使用舊的經驗與認知基模結構去適應新環境時，就會產生認知失調的現象；因此，此時兒童必須改變原有的認知結構，調整基模以平衡認知。所以，認知基模的同化與調適之平衡非常重要，同化與調適乃一體兩面的；如果同化太多，就不會產生新學習；反之，若調適或改變太多，則對學習造成混淆。

二、認知發展階段論

Piaget 的認知發展階段論，大致可分成四個階段，其出現的順序，並非跳躍式的，其出現的前後順序是不變的，且具個別差異；茲將其分別說明如下：

(一)感覺動作期（sensorimotor stage）

感覺動作期約嬰兒出生至 2 歲，嬰兒初期並無語言，對物體具有恆存性（permanence）概念；出生 6 個月以前，若未看到的東西，即認為其不存在。此時期的嬰兒不會進行思考，以看到的、聽見的、摸到的、聞得的、吃到的等之感覺進行學習；此時期之嬰兒，經由模仿（imitation）過程，逐漸理解事物之符號象徵，並建立對外界的「認知基模」或「表徵」，若嬰兒所聽之見聞或刺激愈多、愈新奇，則將來學習與適應能力也愈高。

(二)運思前期（preoperational stage）

運思前期約 2 歲至 7 歲之間，此階段兒童已會運用簡單語言符號進行思考，但卻仍相當依賴知覺、直覺與自我中心，因而充滿矛盾與錯誤，無法進行正確邏輯推理思考運作。通常此時期可分成「前概念思考期」(pre-conceptual thinking) 和「直覺式思考期」（intuitive thinking）等二個階段：

1. **前概念思考期**：此階段之兒童思考特徵，通常會有「不完整」或「不合邏輯」之概念，如看到別的孩子拿著和自己家裡一樣的玩具，會以為那是他自己的，而吵著要拿回家。

2. **直覺式思考期**：此階段之兒童思考會變得比較有一些邏輯概念，但其大部分的思考，乃由知覺所支配而非理智，如「街頭數學」的計算知識。此時期思考的最大特徵，乃以「自我中心」（ego-centrism）的思考，兒童只會從自己的觀點看世界，不會考慮別人不同的想法；換言之，即不會對事物進行客觀的分析。

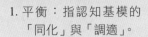

1. 平衡：指認知基模的
　「同化」與「調適」。

2. 成熟：個體身心發展的
　情況。

Piaget 的認知發展
階段論的影響因素

3. 經驗：指兒童經歷過活
　動的印象。

4. 社會互動：與他人進行
　交互作用。

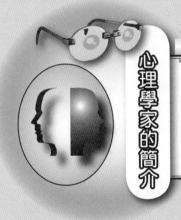

心理學家的簡介

皮亞傑（Jean Piaget, 1896-1980）

　　瑞士兒童心理學家，對心理學影響與佛
洛伊德（Freud）齊名。其認為影響發展的
核心因素，包括「平衡」、「成熟」、「活動經
驗」與「社會互動」等四者，可以提供教師
實施教學的參考。

小博士教學辭典

街頭數學

　　街頭數學（street mathematics）係指未入學小
孩或街頭小販在街頭進行交易買賣時，所使用的計
算知識。這些計算知識是屬於複雜的「直覺知識」，
與學校所教的數學知識並不相同。

UNIT 2-8
主張「認知發展階段論」的 Piaget (2)

(三)具體運思期（concrete operational stage）

具體運思期約位於兒童 7 歲至 11 歲之間，此時期主要特徵在於兒童面對問題時，能運用具體的邏輯推理思考來解決問題。此時期與前運思期之最大區別在於「守恆」（conservation）能力的出現，即物體形狀雖有改變，但物質無增加或減少，則數量就不會改變。

另外，在此時期的個體已具備三種能力：第一，「分類」（classification）能力，即能根據事物的相似性或差異性，進行分組或分類，如能根據物體的顏色、體積、大小、形狀等特徵進行分類的工作。第二，「序列化」（seriation）能力，即能依照物體的某些特性進行排列，如 A＞B，B＞C，則 A＞C。第三，「處理數字」能力，即能在真實情況下，對數字進行加、減、乘、除等運算。

因此，具體運思期對教學最重要的意義，即教師對此一階段之學生進行教學的說明或解釋時，最好能提供「具體的實物」或教具，則學生在思考與學習時才能沒有障礙；換言之，學生對於「眼見為憑」的東西，才能進行理解與獲得真實的知識或概念。

(四)形式運思期（formal opera-tional stage）

形式運思期約於 11 歲以上，即個體能運用大腦進行抽象的、複雜的、假設性的思考，並進行邏輯推理來解決各種問題，而此階段乃兒童的邏輯推理思考結構發展的最後階段。大致而言，本階段的思維方式，具有以下三個特徵：

1. **假設演繹推理**（hypothetic deductive reasoning）：即此時期之兒童能夠完全處理假設性之問題，進行邏輯的演繹、推理與驗證，且其思考擁有一套形式的邏輯規則。如 A 比 B 白，A 比 C 黑，則誰最黑？

2. **結合式思考**（combinational thinking）：即此時期兒童面對多種因素形成的複雜問題情境，能根據問題的條件提出某些假設，或進行組合、分類，進行驗證以獲得正確答案。

3. **命題推理**（propositional reasoning）：此時期的兒童或青少年，不必根據實體的資料，只要一個說明或簡單命題，即可進行邏輯的推理思考。

因此，形式運思期對教學最重要的意義，即教師對於此一階段的大部分學生進行教學的說明或解釋時，不必提供「具體的實物」或教具，則學生自然能進行思考與學習；換言之，學生可以「憑空想像」進行推理，不需要「眼見為憑」的東西，即能對抽象的知識或概念進行推理與學習。

皮亞傑的認知發展四個階段的順序

感覺動作期 ▶ 運思前期 ▶ 具體運思期 ▶ 形式運思期

Piaget 的
認知發展
四個階段

1. 感覺動作期
- 嬰兒出生至 2 歲
- 由模仿逐漸理解事物並建立認知基模

2. 運思前期
- 兒童約 2 歲至 7 歲
- 已會運用簡單語言符號進行思考

3. 具體運思期
- 約在 7 歲至 11 歲
- 能運用具體邏輯推理思考來解決問題

4. 形式運思期
- 約 11 歲以上
- 能運用抽象複雜與假設性的思考

小博士心理學辭典

學得無助感（learned helplessness）

　　係由美國心理學家席格曼（Martin Seligman）於 1975 年所提出的理論。他分別以三隻狗進行實驗，第一隻狗加上鞍具後，隨即被解下；第二隻狗加上鞍具後，並接受短暫且有痛感的電擊，當狗碰觸到槓桿後，即可停止電擊；第三隻狗與第二隻狗並排，並同樣接受電擊測試，牠前面也有槓桿，但碰觸槓桿後，電擊卻無停止的作用。

　　當實驗結束後，第一隻與第二隻狗皆非常迅速恢復原來的情況，但第三隻狗則被診斷出有臨床慢性消沉的症狀，即有憂鬱症的傾向，此即狗在其心理上認為電擊已無法控制及避免，而產生消極的無助行為。

UNIT **2-9**
主張部分不等於整體的完形學派

一、對行為學派的反思

完形學派論者認為，行為學派之理論雖能操弄或驗證「刺激－反應」之間的連結而產生某種效果，以達到科學的預測、解釋與控制之目的，但應用至人類的「心理」、「教學」與「學習」等層面，仍有其限制與不足之處。

德國完形學派的心理學家柯勒（Köhler）和美國心理學家托爾曼（Tolman），即曾對行為學派以「古典制約」和「操作制約」作為解釋行為與學習的理論根據，因過度強調外在環境的影響，而忽略心理意識層面的主張提出強烈反駁。他們認為人的思維具有完整性與整體性，整體不只是部分的總合而已，學習即乃對整個情境脈絡進行知覺的重組與認知重建的過程。

二、猩猩的實驗

1913 年 Köhler 到非洲的特納利夫島，以猩猩為研究對象，進行實驗研究。1917 年並以德文發表《猩猩的智慧》一書。Köhler 將飢餓的黑猩猩關在籠子裡，在遠處放置一串香蕉，並在籠子與香蕉之間放置數條長短不一的竹竿，每根竹竿亦皆無法單獨取得香蕉；柯勒發現黑猩猩面對問題時，並未表現出慌亂與焦慮，在幾次嘗試用各種竹竿取香蕉失敗後，即停止活動並若有所思，經過若干時間後，突然發現將二根竹竿接在一起

即可以取得香蕉，而此發現並非經由嘗試錯誤的學習過程才獲得的。

Köhler 以完形學派的觀點解釋此種現象，認為猩猩不必靠練習或經驗而突然理解整個情境中各刺激的關係，並覺察問題的解決方法，而此即是所謂的「頓悟學習」（insightful learning）。

三、完形學派理論對教學的啟示

(一)學習乃知覺重組與認知建構之過程

事實上在教學實務中發現，許多教學所進行新的學習，並不需要皆經由嘗試錯誤的過程才能獲得。其中「頓悟學習」即是學生經由知覺的重組或認知建構的歷程，以發現或了解新事物的手段與目的之間的邏輯關係，而覺察解決問題的關鍵方法。

(二)教學乃相關訊息的整合

行為學派的增強或強化並非學習歷程的必要條件，教師的教學與學生的學習乃是教學情境脈絡或環境的相關訊息組合而成的，學生受到教學的預期或特定目標的影響或學習行為需求的驅力或動機的激勵，即會產生學習行動。

因此，教師應了解教學與學習之間並非僵化的、固定的或機械式的形式關係，而是多元的、變動與彈性的，教師隨時可以因應教學情境脈絡的變化或學生之個別差異，做適當的調整與改變。

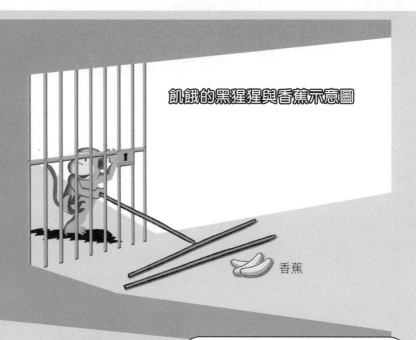

飢餓的黑猩猩與香蕉示意圖

香蕉

小博士教學辭典

教材轉化

　　教材轉化（material transformation）係指教師將教材內容，經由舉例、示範、講解、說明、類化等形式之行動，轉變為學生可理解及接受的動作、影像和符號表徵的認知結構。

心理學家的簡介

ㅇ 托爾曼（Edward C. Tolman, 1886-1959）

　　美國心理學家，托爾曼的小白鼠走迷宮實驗，乃是其最著名的研究。其雖是心理學的行為主義者，但卻不像 Skinner 那麼地激進。

UNIT **2-10**
提出「發現學習論」的 Bruner (1)

一、Bruner 的認知主張

美國科學教育學家 Bruner（布魯納）於 1951 年即開始進行兒童思維行為的研究，他認為要理解兒童的思考行為應進入教室進行研究，而非在實驗室中以狗、白老鼠或黑猩猩進行實驗而推論與解釋。雖然當時正值行為學派強勢主導美國科學教育之際，不過由於 1957 年蘇俄率先發射人造衛星而震驚美國的教育界，因而激起提升與改革美國中小學科學教育的聲浪，也促使心理與教學研究的轉向。

Bruner 認為人類的學習乃認知能力發展的過程。因而其曾說，任何科目，皆可以任何真實的形式，教給任何年齡的任何兒童（Bruner, 1960）。

Bruner 於 1960 年提出發現學習論（discovery learning），主張教師應扮演「教師中介」（teacher mediation）的角色，引導學生主動對一般的基本概念進行思維、組織與分析，以理解或熟識其中的新原理或新知識，而非被動、機械式地灌輸固定的知識而已。

二、認知發展的三個階段

Bruner 的認知發展結構論，深受 Piaget 認知發展論的影響，他認為學生的認知發展，可以透過不同的動作、影像和符號等三個階段，來獲得知識的記憶、理解、推理、應用、分析、想像和判斷的可能性。以下，將此三個階段，分別說明如下：

(一)動作表徵（enactive representation）

係指 3 歲以下的嬰幼兒，經常依靠或使用肢體的動作來認識或了解周遭世界，如嬰幼兒常以動作反應或操作方式，如用手抓取東西，或用嘴巴啃咬東西，以了解外在世界的冷、熱之感覺或東西存在的感覺。此時期與 Piaget 的感覺動作期相當類似。

(二)影像表徵（iconic representation）

係指兒童經由對實體影像的知覺，例如電影、電視、圖像、照片等，而在其記憶中產生心像（mental image），以表徵其對外在世界的知覺。Bruner 認為此時期的求知方式，已由具體階段開始進入抽象階段，與 Piaget 的具體運思期頗相類似。

(三)符號表徵（symbolic representation）

係指此階段之兒童能運用抽象的符號、文字、語言等形式的表徵，來獲得知識、溝通或了解外在的真實世界環境，此階段則與 Piaget 的形式運思期相似。

Bruner 所謂的「發現」，係指教師對已知的既定事實，進行重新安排或轉換，提供讓學生發掘各種知識關係的教學情境，以協助學生主動產生新的洞察（insight）；而此種學習方式，比較能讓學生因發現而獲得自我成就的滿足感，培養自動自發的學習態度與精神。換言之，Bruner 的發現式學習強調學習乃一種過程，而非一種最後的結果；而且個體發現知識的學習過程是主動的，而非被動的。

心理學家的簡介

○ 布魯納（Jerome S. Bruner, 1915- ）

　　美國傑出的科學教育家及認知心理學的先驅。Bruner 於 1960 年出版《教育的過程》和 1966 年所著《邁向教學理論》等書，皆被公認為美國的教育經典之作，尤其《教育的過程》一書，對美國當時教育政策及當代教育思潮產生非常重要影響。

Bruner 的認知發展三個階段

1. 動作表徵

指 3 歲以下嬰幼兒依靠肢體動作認識周遭世界

與 Piaget 的感覺動作期相當類似

2. 影像表徵

指兒童經由對實體影像之知覺而在記憶中產生心像

與 Piaget 的具體運思期頗相類似

3. 符號表徵

此階段兒童能運用抽象的符號、文字、語言等獲得知識

與 Piaget 的形式運思期相似

UNIT 2-11
提出「發現學習論」的 Bruner (2)

Bruner 非常喜歡「螺旋式課程」，他認為學習若要達到高峰，一定要從基礎的操作開始（動作表徵），接著以比較有印象的圖片或影像（影像表徵）進行學習，最後再以語言、文字進行內化（符號表徵）。例如將相同議題課程的主題與原理進行組織，先呈現「大概念」（最普遍的概念），以簡單到複雜之方式進行操作學習；其次，逐漸在不同年級有系統地以圖片或影像等方式呈現，協助學生進行學習；最後，運用語言、文字等抽象符號，以取得概括規則（generic code）。

三、Bruner 理論對教學的啟示

Bruner（1977）指出，課程與教學對老師的影響，更甚於學生。換言之，若教師對課程與教學沒有任何知覺時，則教學效果一定不彰。至於其理論對教學的啟示，包括如下：

1. 教師應激勵學生主動學習之動機、興趣及好奇心，則能增加學生學習成就滿足感。
2. 教學絕非灌輸固定知識或技能，呈現教材時，應依照學生認知發展的階段與順序，來呈現教學內容。
3. 要讓學生對教材達到精熟或最佳理解之程度，教師應有系統、有組織地安排教學內容之結構。

四、Bruner 理論的限制

不過，Bruner 的理論在教學亦仍有其限制，包括如下：

(一)耗費較長的教學時間

發現式教學法可能會比一般傳統的講述法，還要花更長教學時間；不過，若能讓學生理解與獲得更佳的學習效果，花費較長的時間仍是值得之事。

(二)教師的教學權威仍難改變

進行發現式教學時，教師應與學生立於平等的地位，避免過度知識權威心態。因為教師並非知識唯一的傳遞者，學生亦非知識的接收的容器；使用發現式教學時，教師應尊重學生的看法與想法，引導學生分析、歸納、思考與探索，才能獲得較佳的教學與學習效果。

(三)教師專業知能不足

實施發現式教學，教師要隨時能回應學生的疑問或問題；因此，教師應主動增進專業知能，以達賦權增能，方有能力接受學生對知識的提問、質疑與挑戰。

(四)學生應先具備先備知識或技能

學生要能主動學習，在學習之前，必須先具有基本概念或先備知識，否則無法進行發現式學習。

(五)教學設備不足而影響教學實施

應該儘量充實各種教學設備，以充分激發學生主動學習與探索的動機或是好奇心。

圖解教學原理與設計

小博士教學辭典

螺旋式課程

　　「螺旋式課程」（spiral curriculum）係布魯納最有名的課程設計之主張，於 1960 年提出，其概念係指教師將課程內容加以組織，先呈現「最普遍概念」（或較大的觀念），接著再有系統地重複出現，讓學生接觸學習，最後達到抽象概念或複雜層次的學習，如同將教材以「由淺入深」、「由易而難」、「由具體到抽象」、「由簡單到複雜」等方式層層上升，使課程有如螺旋般的形狀之設計。

Bruner 理論對教學的啟示

教師應激勵學生主動學習動機、興趣及好奇心	呈現教材時應依照學生認知發展的階段與順序	教師應有系統、有組織地安排教學內容之結構

Bruner 理論的限制

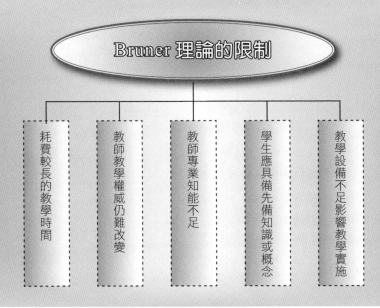

耗費較長的教學時間	教師教學權威仍難改變	教師專業知能不足	學生應具備先備知識或概念	教學設備不足影響教學實施

UNIT 2-12
主張學習應具有意義的 Ausubel (1)

一、意義學習論是什麼

　　Ausubel（奧蘇貝）於 1968 年提出「意義學習理論」（meaningful learning theory）的理論，其認為新概念的學習，必須和學習者產生緊密的關聯，並由學習者自行發現知識的意義，則學習才具有真正的意義。

　　通常一般學者認為 Ausubel 的學習理論最接近教學與學習之理論，然而 Ausubel 卻認為啟發式的教學方法（discovery method of teaching）花費太長的教學時間，效率往往不佳，並非所有學生皆有能力進行發現，尤其國小低年級學生最為明顯；而行為學派的機械式（rote）反應練習與零碎知識的記憶與學習，又很難能使學生產生較佳的學習效果；因而其不但反對「啟發式教學」乃最好的教學法，也非常反對行為學派機械式取向的學習。

　　Ausubel 主張有意義的學習，大致可以分成兩種形式，即「接受式學習」（reception learning）和「發現式學習」（discovery learning）等兩種形式。其強烈擁護「接受式學習（或填鴨式）」取向，認為其乃理解與類化高層次知識的最佳方式。而兩者理論之差異，在於 Bruner 認為教學時教師不必講解教材，由學生將所獲得的「特定的訊息」加以組織統整，讓學生自己去學習與發現；

而 Ausubel 的接受式學習則須教師進行「闡釋教學」（expositive teaching），應條理分明地講解相關的教材內容，並有系統地將組織與消化過的訊息給予學生，再讓學生自行發現、領悟或察覺新、舊訊息之間的原則或關聯性，以產生新的連結或認知。

二、衍生和相關是什麼

　　Ausubel 認為新、舊教材的認知結構，具有「包容」（subsume）的連結關係，才能產生意義學習，而此包容通常具有以下二種關係：

(一)衍生包容（derivation subsume）

　　係指新素材和舊學習之間具有相似性的衍生關係而能產生直接的包容，不過其通常比較容易被遺忘。

(二)相關包容（correlative subsume）

　　係指新素材和舊學習之間具有相異性或改變的可能性，新教材必須和現存認知結構產生改變，才能保存較長。

三、前導組體的重要性

　　學習的教材，若對學生而言是有意義的，則教學必能收「事半功倍」之效；即教學前教師應了解學生「已知什麼？」再透過教學的因勢利導，以協助學生了解新、舊教材之間的關係，方能進行有效學習。

衍生和相關是什麼

衍生包容
（derivation subsume）

指新素材和舊學習具有
相似性的衍生關係

相關包容
（correlative subsume）

指新素材和舊學習之間具有
相異性的關係

前導組體的重要性

前導組體的功能

促進學習遷移

提供先備知識以促進外在的連結

前導組體功能發揮的條件

嘗試協助學生了解新素材的邏輯關係

明確地指出新舊教材之間差異性或

改變的關係

新素材必須非常容易學習與使用

學習者對新素材要有經驗或回憶相關

訊息

UNIT **2-13**
主張學習應具有意義的 Ausubel (2)

Ausubel 乃最先有系統地以「前導組體」（advance organizer）的理論，探究有意義的閱讀文章方面之研究。前導組體可促成新、舊教材之間的連結。茲將其二大功能，分別說明如下：

(一) 促進學習遷移

前導組體有助於學生將新、舊教材組成和諧一致的結構，即有利於舊的認知結構「包容」新教材而產生學習遷移。

(二) 提供先備知識以促進外在連結

學習之前呈現的訊息，有助於學習者喚起舊教材的回憶。例如教師於講解黃金之前，即可提供一般金屬屬性的概念（前導組體），以協助學生促成新、舊教材（黃金和一般金屬）之間的連結以產生認知連結。

教師要使前導組體有效發揮其功能，則必須具備以下四個條件：

1. **嘗試協助學生了解新素材的邏輯關係：** 教師實施教學，應儘可能使用各種有效的教學方式，協助學生主動了解新素材的全部或部分的邏輯關係。

2. **明確地指出新、舊教材之間差異性或改變的關係：** 教師實施教學時，若能適時呈現、引導或指出已學過的舊教材，喚起學生的舊經驗，則有助學生理解或建立新、舊教材之間的連結關係。

3. **新素材應非常容易學習與使用：** 新素材與舊學習之間雖應有差異性或改變之可能性，但若新素材難以理解或差異甚大，則前導組體仍難以發揮任何功能。

4. **學習者對新素材要有經驗或回憶相關訊息：** 若學習者對新素材並無經驗或未回憶相關訊息，無使用前導組體之情境，則難以發揮前導組體之功能。

四、有意義學習的三個條件

Ausubel 的有意義學習理論，一言蔽之即在尋找教室中意義化的學習法則為何。因此他認為教師要協助學生進行有意義學習，必須先具備以下三個條件，茲將其說明如下：

(一) 以學生既有的先備知識（prior knowledge）為基礎

即「學生已經知道了什麼？」可作為學習新教材或知識的基礎。因此，當教師在教導學生學習新知識時，應先分析出新知識中的要領概念，並與學生的先備知識相互結合，才有助學生的學習。

(二) 須詳細講解學習的教材（learning material）

指新的學習素材。教師在教學歷程中，應將新的學習素材，組成有系統、有組織、有次序的知識，並條理清晰分明地呈現給學生或進行講解。

(三) 協助學生產生學習心向（meaningful learning set）

係指經由學習而導致學習者的認知結構的精緻化；換言之，即學生應有意向，將其所學習的觀念與認知結構，產生有意義的關聯。

Ausubel 有意義學習的條件

以學生既有先備
知識為基礎

須詳細講解學習的
教材

須協助學生產生
學習心向

小博士教學辭典

機械式學習

「機械式學習」（rote learning）係指學習者未
企圖讓新教材與自己已知的先備知識產生關聯性，
僅以記憶方式進行學習。通常藉由三方面訊息，如
「新教材缺乏邏輯性」、「學習者的認知結構缺乏適
當的觀念」、「學習者欠缺有意義學習的心向」等，
可判斷機械式學習是否增加。

心理學家的簡介

奧蘇貝（David P. Ausubel, 1918-2008）

乃美國著名的教育心理學家，亦是認
知心理學的代表人物。其所提出的「意義學
習論」（meaningful learning theory），又稱為
「接受學習論」（reception learning theory，或
譯為填鴨式學習論），其理論內涵同時涉及
課程、教學與學習等三方面。

UNIT 2-14
強調學習乃觀察與模仿的 Bandura

一、Bandura 的社會學習理論

基本上，Bandura（班杜拉）承繼 Skinner 操作制約理論增強作用之概念，其始終認為動物與人是不同的，人的學習是複雜的，人有思維、觀察與判斷的能力，而動物則無學習的歷程與思維。

Bandura 於 1952 年和史丹佛大學的幾位同事率先研究了「社會模仿」（social modeling）的領域，將操作制約理論的概念擴大，把對象從動物應用至人和社會，從外在刺激物之增強應用至個體內在的自我增強，從被動接受外在控制延伸至個體主動的觀察與模仿，研究認為「模仿」對不同類型的學習模式來說，都是非常有解釋力的歷程。

Bandura 所建立的社會學習理論，主要係解釋個體在自然情境中的學習歷程。其認為學習並非僅受外在環境因素的刺激或控制而產生，學生對教學情境脈絡的「**觀察**」（observe）和「**模仿**」（modeling），乃影響學習重要因素。

二、模仿的種類

Bandura 認為學習者的觀察和模仿並非固定機械式（mechanical）之反應，其會受到學習者的內在心理學習需求和認知能力等內在心理的中介作用（mediation）之影響，而產生「直接模仿」（direct modeling）、「綜合模仿」（synthesized modeling）、「符號模仿」（symbolic modeling）、「抽象模仿」（abstract modeling）等四種不同型態的模仿學習行為。

換言之，在同樣的學習情境脈絡下，不同的學習者雖經由同樣的觀察與模仿之過程，卻未必皆學到相同的學習行為；此即驗證俗語所說：「師父引進門，修行在個人。」教師在教學上應了解觀察與模仿之間可能產生的落差，進而輔以其他策略，才能有效提升學生的學習效果。

三、模仿的階段

Bandura 認為學習係受到情境脈絡、個人覺知和學習行為等三者彼此之間交互作用的影響，而此學習效果不必然皆需接受增強作用。某些學習者之學習不須親身經歷過，甚至不一定需要接受任何獎賞，只憑個人的觀察或模仿即可，此種「**見賢思齊**」效果即稱為「**替代學習**」（vicarious learning）。通常模仿亦可分四個階段，依序分別為：**注意階段**（attention phase）、**保留階段**（retention phase）、**再生階段**（reproduction phase）及**動機階段**（motivation phase）等。

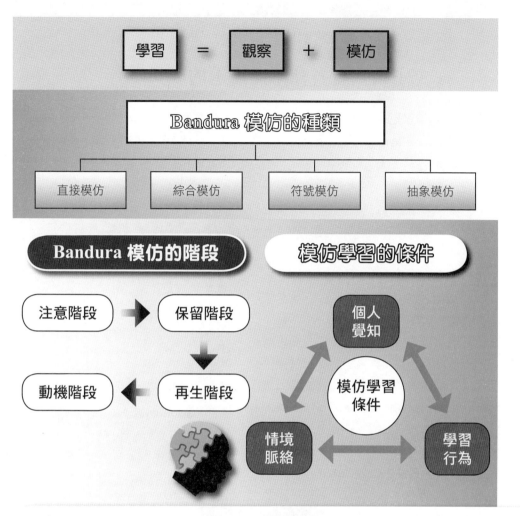

学習 ＝ 觀察 ＋ 模仿

Bandura 模仿的種類

| 直接模仿 | 綜合模仿 | 符號模仿 | 抽象模仿 |

Bandura 模仿的階段

注意階段 → 保留階段

動機階段 ← 再生階段

模仿學習的條件

個人覺知

模仿學習條件

情境脈絡

學習行為

心理學家的簡介

班杜拉（Albert Bandura, 1925-）

　　美國社會學習理論創始人及心理學極端行為主義修正者。1925 年出生於加拿大亞伯拉省，中小學雖就學於鎮上一所貧乏師資與教育資源的學校，但卻未阻礙其學習，反而激發自主學習並成為其學習的資產。Bandura 的理論在人格心理學、認知心理學和教育產生巨大的影響，曾於 2002 年被「美國心理協會」票選為十個最有影響力的心理學家之一。從其理論發現「見賢思齊」和「以身作則」兩個名詞，乃其理論的最佳寫照。

UNIT 2-15
主張人有各種不同需求的 Maslow

一、Maslow 的需求層次論

Maslow（馬斯洛）於 1968 年提出「**需求層次論**」，主張學習發展不能只靠外鑠的力量，應促發學生內在主動學習的動機與需求，方以致之。至於其需求層次論，共包括五個層次，茲分別說明之：

(一)生理的需求（physiological need）

指個體維持生存發展的最基本需求，包括空氣、陽光、水、食、衣、住、行等。生理需求滿足後，才能發展更高一層次的需求。換言之，當學生進行學習時，若基本的生理需求未獲滿足，如學生處於飢餓的情況下，並不會對學習產生任何興趣或動機，因此無法進行真正的學習行為。

(二)安全的需求（safety need）

係指個體應獲得保護，並免於恐懼威脅的安全感之需求。例如當學生生病或遭受威脅時，也無法靜下心來進行學習。

(三)愛與隸屬的需求（love and belong-ingness need）

係指個體獲得他人的接納、關注、愛護、鼓勵與支持等需求。若教師於教學歷程，能讓學生真正感受教學的關注、鼓勵和支持，則必能有效促進學生的學習效果。

(四)尊重的需求（esteem need）

係指個體受到他人的認可、重視和擁有自我價值感等兩方面的需求。如學生因優異成績而獲得老師、家長和同儕的讚賞而充滿自信與自豪。

(五)自我實現需求（self-actualization need）

係指個體會朝正向、健康、創意的方向發展，使自己的潛能獲得充分的發展，成為自己能夠成為的人，並於心理精神層面，獲得真、善、美的最高境界。通常此需求又稱「衍生需求」（meta-need）、「匱乏需求」（deficiency need；D-need）與「存在需求」（being need；B-need）

二、滿足需求層次論的條件

Maslow 的需求論，必須滿足兩個先決條件，分別說明如下；

1. 此五個需求有先後之別，且以生理需求為基礎，最後則為自我實現需求。

2. 前一個需求滿足後，下一個需求才有發展的可能。

因此，在教學上教師若期望學生能達成學習的自我實現需求，則必先滿足學生的基本生理需求，乃必要的基本條件。

此外，若要達到有效的教學與學習，則教師應妥善掌握每一層次需求的發展，諸如減少學習焦慮，適當的正向鼓勵和讚美，提供支持性的策略，讓學生感受充分的支持及關懷，重視學生的自我尊嚴與價值，則能有效提升或促進學生的學習動機與意願，達到自我自主學習的程度。

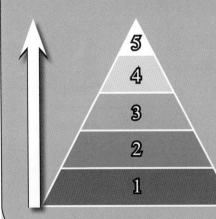

Maslow 的需求層次論

5. 自我實現需求（self-actualization need）

4. 尊重需求（esteem need）

3. 愛與隸屬需求（love and belongingness need）

2. 安全需求（safety need）

1. 生理需求（physiological need）

滿足 Maslow 需求層次論的條件

此五個需求有先後之別且以生理需求為基礎	前一個需求的滿足乃下一個需求發展的基礎

心理學家的簡介

馬斯洛（Abraham Maslow, 1908-1970）

　　Maslow 出生於美國紐約布魯克林，是美國非常有名的人本主義心理學家，於 1968 年曾當選為美國心理學會主席，其理論非常強調與重視人的積極善良之人性與自由意志，與 Frued 的生物進化論的理論截然不同。

　　Maslow 所提出的「需求層次理論」（need-hierarchy theory）最為人津津樂道且熟悉，除應用在教育領域外，也非常廣泛地應用在其他許多領域或學派的思想，如經濟學、犯罪學、醫學等。

UNIT 2-16
以學生為中心和自由學習的 Rogers

一、Rogers 的理論分析

值得一提的，Rogers 的理論並不完全建立在客觀的科學實證資料之上，其非常強調個體對世界的看法、感覺、如何理解等問題，關心個體「成長」（becoming）的過程及獲得人性的尊嚴與價值，並致力協助學生達成「**自我實現**」之目標。

Rogers 主張個體的主體性與獨特性，相信學生天生即有成長、學習、發展的基本欲望，相當強調「**以人為本**」對教學與學習的重要性。

Rogers 除了反對行為主義學派的抹煞人性與毫無人情味的教學方法之外，也非常反對心理教育領域某一些否定人性尊嚴與價值的機械論之解釋、假說或理論。要學生獲得高效能的學習，仍須回歸學生為本的基本價值，即學科學習應先獲得生理、心理基本需求的滿足後，才能達到實現高效能的目標。因此，他認為教師實施教學時，應該積極引導學生展現「**自律**」（self-discipline）精神，透過學生的「**自我管理**」和「**自我監控**」的過程，以積極引導學生達到**自我學習**和**自主學習**的目標。

二、Rogers 的自由學習

Rogers 於 1969 年提出「**以學生為中心**」（student-centered）理念，即主張學生應對教學與學習扮演更重要的角色與任務。以學生為中心的理念乃強調以自由概念為基礎的「**自由學習**」（freedom to learn）之原則。

自由學習乃植基於個人自由的思考與感覺基礎，主張教學應提供學生一個「**安全支持**」的學習環境，以協助學生進行「**自我思考**」、「**自我啟發**」、「**自我尊重**」與「**自我引導**」的學習之旅。

以自由學習為基礎的教學，強調教師的「**教學態度**」比「**教學方法**」更重要。Rogers 的自由學習原則，認為教師不應成為機械化的教學機器，且過於目標導向而強調「**應該**」使用什麼教學技巧，或過於注重教學過程和學習所獲得知識的結果。

因此，教師若希望學生達到成功有效的學習目標，則致力於幫助學生獲得成功的學習經驗，比詳細地講解教學內容來得更重要。

此外，教師若能致力於學習各種提升「**有效教學的溝通訓練**」和「**建設性地解決問題的技巧**」，並具備真誠一致、無條件關懷與同理心，並能有效建立或促進良好的師生關係，成為一位受學生歡迎的好老師，則能有效激勵、促進與提升學習效果，進而提升教師的教學效能。

心理學家的簡介

●羅吉斯（Carl Rogers, 1902-1987）

　　Rogers 是美國的心理學家和人文主義思想家，其理論強調「人的潛力」，及人的本質即具有「自我實現」的潛能。其在美國的心理學和教育上擁有巨大的影響力，也是「美國心理協會」於 2002 年票選的十個最有影響力的心理學家之一。

Rogers 自由學習的核心思想

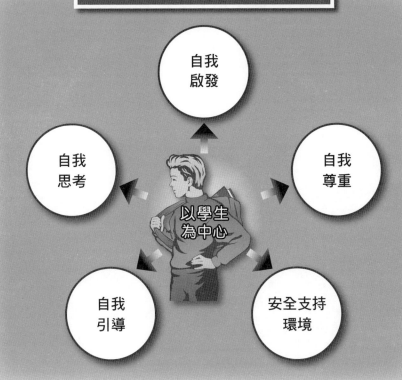

自我啟發

自我思考

自我尊重

以學生為中心

自我引導

安全支持環境

第 **3** 章
社會學家意識的教學概念

●●●●●●●●●●●●●●●●●● 章節體系架構 ▼

　　知識社會學者認為，人的意識或觀念必然受到社會、歷史、情境脈絡等影響，學生對知識的學習亦是如此。因此，若從社會學角度來看教學，則教學的外在情境脈絡，也必然對教學或知識傳遞，甚至學生的學習產生某些程度的重要影響。

　　社會學家們即相當關心探討這些外在情境脈絡，諸如語言、文化、制度，甚至潛在的信念、意識型態與價值觀等，對教師的教學和學生的學習可能造成的影響為何，進而發揮對教學的解釋、預測與控制之功能。

UNIT **3-1**
什麼教學知識最有價值

一、Spencer 的大聲疾呼

英國的「經驗主義」大師史賓賽（Herbert Spencer），在其名著《教育論》中曾提出：「什麼知識最有價值？」（What knowledge is of most worth?）此即意謂學校教育應提供何種「最有價值」的知識給學生呢？到底是「智育」？「德育」？或是「體育」呢？

Spencer 主張「生活預備說」（preparation theory），認為教育的目的在提供學生為未來完美生活做準備，甚至應該教導學生「如何生活」及「如何生活得更幸福」才是正確的作為與方向。

Spencer 於 1850 年代，對於當時的英國學校教育過度強調「知識」、「道德」與「身體」的訓練，而忽視「生活實用」方面的知識，而提出了當頭棒喝及方向性問題的大聲疾呼與嚴厲批判。其實學校教育所選擇和傳遞的經驗、知識或技能，不能偏執某一方面，學生所獲得的各種知識應均衡，則學生未來才能平衡發展。

二、什麼教學知識最有價值

學校教師應選擇哪些教學知識，以作為教學實施的內容，一直存有不同的觀點。教師到底應選擇什麼教學知識給學生呢？是「認知領域？」「技能領域？」或「情意領域？」非常值得教師深思熟慮（deliberation）。

教師若要選擇對學生有實質幫助與有價值的知識，則不能只成為傳遞知識的「搬運工」，學生更不能只扮演知識的「貯存器」或「接收者」，應有更積極的作為，才能真正彰顯教學與知識學習的實質意義與價值。

其次，在教學實施方面，Spencer 強調教師或學校對於知識的教學與傳遞，須「**順乎自然**」並符合學生「**身心發展需求**」，換言之，不能為達成知識學習之目的而讓學生產生認知負荷或產生沉重的課業壓力，教學應順應學生的身心發展，有效運用啟發式教學以引導學生主動求知的興趣，讓教室成為充滿歡愉、快樂的知識學習殿堂，而非知識學習的煉獄與枷鎖。

另外，在道德教學實施方面，則應培養其自治能力，養成知行合一的實踐能力，而非僅進行道德教條或知識的灌輸；第三，在身體訓練方面，應重視強健體魄的鍛鍊，並注意飲食與營養的均衡。

所以，教師應選擇什麼樣的教學知識，在兼顧多方的考量、評估與衡量未來發展之需求下，似乎不能僅偏重某一領域之教學知識，應兼顧「**認知領域**」、「**技能領域**」與「**情意領域**」等三者，甚至實施一些被忽略的「理財教學」、「文化回應教學」、「資訊教學」、「生命體驗學習」等，才能滿足學生的學習發展之所需。

Spencer 的什麼知識最有價值

德育知識

智育知識

體育知識

Spencer：什麼知識最有價值？

學校要教什麼最有價值的教學知識

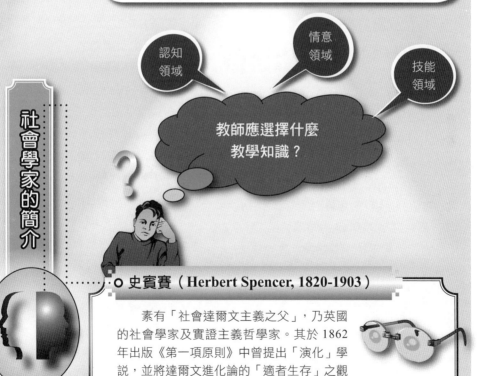

認知領域

情意領域

技能領域

教師應選擇什麼教學知識？

社會學家的簡介

○ 史賓賽（Herbert Spencer, 1820-1903）

　　素有「社會達爾文主義之父」，乃英國的社會學家及實證主義哲學家。其於 1862 年出版《第一項原則》中曾提出「演化」學說，並將達爾文進化論的「適者生存」之觀念應用在社會學，非常具有影響力且獲得廣泛的認同。

UNIT **3-2**
誰的教學知識最有價值

一、Apple 的嚴厲批判

在學校教育實施中,教師應該選擇「誰?」的知識傳遞給學生,才能合乎學生的需要,長久以來一直受到強烈的關注。

Apple(艾波)於 1970 年代即曾提出:「誰的知識最有價值?」強調教科書文本的官方知識(official knowledge)內容,即隱藏著政治權力的關係。學校教育在傳遞知識過程和有形無形之中,似乎無法避免地受到政治權力的影響。

二、誰的知識最有價值

長久以來,教育一直深受政治文化的影響,組成課程的知識並非完全中立,它係以某種方式出現在一個國家的教室或教科書之中。它是一種傳統的選擇、某些人或某些優勢族群之選擇或合法化知識的一部分(Apple, 1993)。

其實,Apple 並不反對官方知識(或教科書),也不反對測驗的觀念和活動,但必須意識到教科書的知識內容應以「社會壓力的平衡」為前提。易言之,教科書的知識內容不應淪為從某個優勢階級、利益團體或價值取向(如菁英教育、績效責任)的角度來思考,應更廣泛納入或考量其他弱勢族群的利益,提供自由選擇的機制,以促進社會的認同、公平與正義,才有利於整個教育長遠發展。

任何團體的知識價值取向,都是一種特定知識的認同與競爭的關係,教師在教學上所使用的教科書,雖是一個無法逃避的事實,其具有為教師實施教學時提供某些知識的便利性,但卻仍應注意教科書所存在的政治、權力與意識型態之問題,才不致陷入優勢族群的文化霸權複製與形成階級宰制的問題。

三、誰的教學知識最有價值

在學校教育中,教師應該選擇「誰?」的教學知識來傳遞給學生呢?是「教師本身?」「官方的?」「優勢階級?」或「利益團體?」

其實,教師使用「正當性」與「合法性」的教科書,不只在傳遞事實、概念或知識而已,其中亦潛藏著「誰決定教科書的知識內容?」「誰決定教科書的組織方式?」「教科書符合誰的利益?」「教科書隱藏什麼爭議?」「誰被賦予權力來教?」等種種之議題。

因此,不管教師、官方、優勢階級或利益團體等,皆擁有對教科書或知識支配及解釋的溝通符碼與權力關係;所以,教師若能敏銳與謹慎地選擇教學知識,則弱勢族群不至於形成被優勢階級或利益團體所支配或宰制的對象,教育的公平正義才得以彰顯。

誰的知識最有價值

教師知識

利益團體知識

官方知識

優勢階級

誰的教學知識最有價值

教師的教學知識

利益團體的教學知識

官方的教學知識

優勢階級的教學知識

教科書意識型態的問題

誰決定教科書的知識內容？

誰決定教科書的組織方式？

教科書符合誰的利益？

教科書隱藏什麼爭議？

誰被賦予權力來教？

社會學家的簡介

艾波（M. W. Apple, 1942- ）

美國批判教育學及課程研究的代表人物之一。1942 年生於美國勞工家庭，其以勞工背景為傲不只激發其政治批判意識，及後續學術發展與政治運動之原動力。其代表著作有《意識型態與課程》、《教育與權力》、《教師與教科書》、《官方知識政治學》等。

UNIT **3-3**
Bernstein 的可見與不可見之教學實踐

一、Bernstein 教學實踐的內涵

Bernstein（1977）指出，任何一種教學實踐，不管傳統保守、兒童本位或批判教學等三者，皆存在著三種教學規則，以構成教學實踐的內部邏輯，此則包括傳遞者和學習者之間角色範疇界線和權力分配的階層性規則；其次，傳遞節奏、次序、快慢順序的規則；第三，這兩種規則所建立次序的評鑑標準規則。

因此，Bernstein 的教學實踐的內涵，係指師生之間的「階層化權力關係之規則」、「教學傳遞順序的控制」和「評量規準的次序」等之差異。

如果這三種教學規則的建立皆非常明確，包括傳遞者與學習者之間階層化權力關係、明確的教學進度和明示每一階段的教學，則屬於可見的教學（visible pedagogies）。而此種以傳遞者為主體，不以學生為主體的教學實踐，又可分成「為知識而知識」的「自主性」可見教學，和以「市場導向」反映市場需求、科技變遷與競爭力的「績效－成本」可見教學。

相反地，不論階層化權力關係、教學實施順序及評鑑標準次序等，此三種規則若皆是隱含的，則屬於不可見的教學（invisible pedagogies）。而此種教學實踐則以學習者為主體，不以傳遞者為主體，亦可分成「個人」和「團體」兩種類型的可見教學。

二、兩種教學實踐的區別

要區別 Bernstein 的可見與不可見的教學實踐，不在於教學的形式上是否看得見或看不見。

不可見的教學實踐強調學生個別差異的存在，教師更需要發展出某些閱讀方法，以解讀學生所表現出的符號意義。因此，教師重視教學環境和學習空間的營造，強調提升學生的學習興趣，建構教學愉快的氛圍，而比較不強調學生整體的學業成就表現。

而可見教學則以追求「知識價值」和「績效－成本」為目的，強調達成教學與學習的績效，重視學生學業成就的表現，而比較忽略教學環境和學習空間的營造，甚至忽視教學愉快氛圍的建構，及學生自由快樂的學習取向。

Bernstein 的教學實踐理論，突破「傳統教育」和「進步主義教育」僅在教學層面的探討，提供教學實踐更精緻的思考方向，並解構「文化再製」和「權力控制」的迷思。

教師在教學實踐上，應充分了解教學實踐的情境脈絡，係由許多對立及互補的組合，所構成的一個衝突的場域，若教師能充分地掌握可見與不可見教學實踐的符碼關係，則相當有利於教學實踐的建構、分配與認同，而不至於使學生陷入知識的再製與宰制之問題。

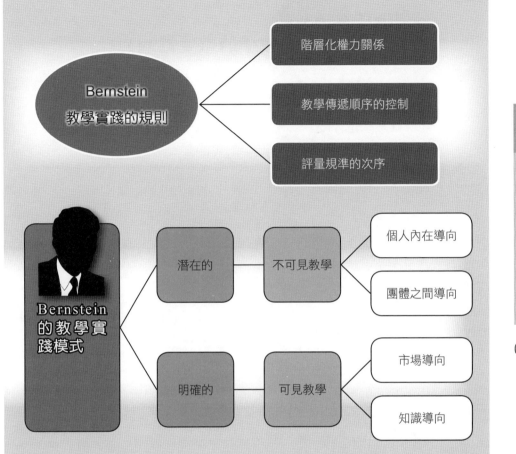

階層化權力關係

Bernstein 教學實踐的規則

教學傳遞順序的控制

評量規準的次序

Bernstein 的教學實踐模式

潛在的 — 不可見教學 — 個人內在導向 / 團體之間導向

明確的 — 可見教學 — 市場導向 / 知識導向

社會學家的簡介

伯恩斯坦（Basil Bernstein, 1924-2000）

　　1924 年 11 月 1 日出生在倫敦東區勞動階級家庭，為猶太移民後裔。其乃英國最重要的教育社會學家，對當代的社會語言學與教育社會學影響深遠。Bernstein 師承古典社會學家涂爾幹思想，並綜合馬克思、符號互動論等思想，同時體現當代結構主義的特徵。

UNIT **3-4**
實施文化回應教學的重要性 (1)

文化回應教學 ≠ 鄉土文化教學 ≠ 母語教學

一、文化回應教學是什麼

　　文化回應教學（culturally responsive teaching）係指教師在實施教學時，應以學生熟悉的母文化或語言為中介，並以學生的母文化作為學習的鷹架，避免使用主流文化價值的標準來判斷學生的學習行為，使學生的學習更具有脈絡意義，以達適性教學之目的。其中心理念，即強調文化情境對教學與學習的重要性與影響。

　　文化回應教學概念源自 1970 年代，學者紛以不同名稱來詮釋這個概念，如**文化合適**（culturally appropriate）、**文化關聯**（culturally relevant）、**文化相容**（culturally compatible）等（劉美慧，2001）。因此，文化回應教學具有多面向的意義性。

　　Gay（2000）指出，文化回應教學就是**文化關聯**（relevant）教學，承認與利用不同學生的文化知識、以前經驗（prior experiences），以激勵學生較高的學習動機與興趣，創造學生有意義的學習機會。

　　文化對學習的影響，通常包括「**學習型態**」、「**溝通模式**」和「**語言差異**」等三方面。在學習型態方面，Gay（2000）認為，採用「合作學習」方式來解決不同弱勢族群學生的學習問題，強調使用音樂或律動的多重感官刺激，以達成教與學文化的一致性。

　　文化回應教學是一個脈絡化與情境化過程，對學生而言具有多重的意義，包括如下：

1. **重視學生的主體性**：即肯定不同族群或文化的學生，擁有均等的學習機會，符合「**不同但平等**」之理念。
2. **尊重與肯定學生母文化的價值**：即發展學生對不同文化團體，皆具有正面和積極的態度。
3. **建立學生的自我認同感**：即積極協助弱勢族群學生，建立自信心。
4. **看見差異，欣賞學生的不同**：即幫助學生發展角色取替能力，能考慮不同族群的觀點。

二、文化回應教學的模式

　　文化回應教學之目的除在引導學生了解自己文化外，也幫助學生走出自身文化的侷限，並教導學生參與公民社會所需的知識、技能和態度，以創造更公平、公正與合理的社會。Banks（1993）提出四種模式，可作為實施文化回應教學的模式：

1. **貢獻模式**（contribution approach）：又稱「英雄與節日」模式，即強調族群英雄的貢獻，通常於適當的節日或適當的機會，將教科書中所忽略的弱勢族群英雄、節慶與片斷文化加入主流課程中。

文化回應教學的同義詞

文化合適	文化關聯	文化相容
（culturally appropriate）	（culturally relevant）	（culturally compatible）

文化對學習的影響

學習型態	溝通模式	語言差異
1. 鼓勵合作學習 2. 強調音樂或律動的多重感官刺激	1. 師生的權力位置和分化 2. 學習的隔離與分化	1. 扮演學習文化的中介 2. 提供文化學習的鷹架

小博士教學辭典

多元文化教育 vs. 文化回應教學

　　美國自 1970 年後，滿足不同族群需求的「多元文化教育」，逐漸成為教育改革的重要思考方向。多元文化教育的理念，強調「差異不必然是低劣，差異也不盡然是缺陷」；換言之，差異不應成為障礙或負擔，應視為另一種珍貴的資產，教育應積極彌補或縮短這些差異或差距，除在於反應不同族群的需求外，並兼顧教育機會的公平與正義。

　　而文化回應教學與多元文化教育乃具有表裡之關係，文化回應教學即具體實踐多元文化教育的重要手段或方式之一。當教師實施教學時，即可善用文化回應教學模式，將課程與教學進行實質的轉化與實踐，兼顧文化回應教學的向度，則更有助於創造安全、包容與尊重的學習環境，並積極提升學生的學習成就。

UNIT 3-5
實施文化回應教學的重要性 (2)

「差異不必然是低劣，差異也不盡然是缺陷」

2. **附加模式**（additive approach）：可在既有的課程教學架構中實施，並不改變既有的教學架構原則，以一個教學單元，將族群的文化、概念、主題和觀點納入主流的課程與教學之中。但是，學生依然從優勢族群的觀點看待弱勢族群文化，無法了解優勢族群與弱勢族群的實質關係，因而需以循序漸進的方式，逐漸增加其他族群的文化內容。

3. **轉型模式**（transformation approach）：強調教學結構、本質與基本假設的整體改變，從不同族群和文化團體的觀點，來探討概念、問題與事件。較理想的課程改革模式，具有系統、深度、客觀的探討族群問題，但是所牽涉的課程改革工程浩大，需要大幅度的改變課程架構，成本較高，實施不易。

4. **社會行動模式**（social action approach）：除了讓學生從不同族群的觀點探討社會重要議題，更進一步針對社會問題作成決定，採取反省性的行動。強調學生批判思考及解決問題的能力，但是課程改革工程浩大，教師需要較長的時間準備課程，且議題的選擇會引起爭議，學生的行動對問題解決幫助不大。

在教學中，通常四種模式混和運用，且分屬不同層次，貢獻模式最簡單，而社會行動模式最理想。

三、文化回應教學的向度

對於地處於偏遠或文化不利地區的學生而言，其學習環境充斥著文化、性別、族群等矛盾或衝突，普遍缺乏文化資本與社會資本。因此，教師於實施教學的過程中，若能適度回應這些教學環境特質，將更有助於創造安全、包容與尊重的學習環境，提升學生的學習成就，甚至促進社會的公平與正義。

Wlodknowski 與 Ginsberg（1995）指出，文化回應教學應包含下列四個向度，分別說明如下：

1. **建立包容**（establishing inclusion）：係指塑造民主尊重的學習環境。教師並非知識的權威，應積極鼓勵學生互助合作，肯定學生的能力，以促成教學知識與學生經驗的連結。

2. **發展態度**（developing attitude）：強調文化與學習經驗的連結。鼓勵學生依據自己的經驗、價值和需要做決定。

3. **提升意義**（enhancing meaning）：係指真實性的學習，鼓勵學生參與挑戰高層次思考與分析。

4. **培養能力**（engendering competence）：重視多元化評量與強調自我評量，評量學習過程與學習者的世界，促進參照與價值連結。

文化回應教學模式

貢獻模式 （contribution approach）	附加模式 （additive approach）	轉型模式 （transformation approach）	社會行動模式 （social action approach）
1. 強調族群英雄貢獻 2. 教學中加入一些受忽略的族群英雄、節慶之內容	1. 不改變既有課程與教學架構 2. 加入一些族群的文化或概念	1. 強調教學結構、本質與基本假設的整體改變 2. 從不同族群和文化，來探討概念、問題與事件	1. 從不同族群觀點探討社會重要議題 2. 針對社會問題作成決定及採取反省性的行動

文化回應教學的向度

建立包容 （establishing inclusion）	發展態度 （developing attitude）	提升意義 （enhancing meaning）	培養能力 （engendering competence）
塑造民主尊重的學習環境	強調文化與學習的連結	學生進行真實性的學習	多元化的評量

UNIT **3-6**
解構教學意識型態的必要性

一、意識型態的影響

馬克思曾說：「並非**人的意識**決定**人類的生活**，而是**人類的社會生活**決定**人的意識**。」易言之，人類社會所形成的意識型態，不但深深地影響人類的生活，也對學校的學習和教學之模式與型態產生重要的影響。然而，非常有趣與矛盾，此一觀點卻與認知心理學派所主張學習係受人的意識影響，及行為學派主張學習受外在環境影響之理論大相逕庭。

二、教學價值中立的重要性

在教學過程中，教師必須覺知教學價值存在的事實，也應覺察教學價值並非中立的；換言之，**教學若非馴服學生，即在解放學生**。教師應隨時意識到其某些僵化的、固有的、潛藏的教學意識型態，可能在有形與無形之中，對學生的學習產生某種程度的潛在影響。

從社會階級再製理論，教師透過課堂教學傳遞各種知識價值，其中隱含著統治或優勢階級或主流文化，即可能產生再製優勢階級或文化霸權（cultural hegemony）之問題，而教師即可能變成社會階級的再製者而不自知。

教師為避免教學意識型態而可能導致教育不公平及衍生文化霸權之問題，在教學實施歷程中，應充分尊重來自不同族群的文化，讓各種族群的學生有公平與平等的發聲（voice）或表現之機會，以促成學生之間彼此的相互合作與相互尊重。

另外，教師也應隨時反省，自己是真正的在傳道、授業、解惑呢？或是在傳誰的道？解誰的惑？而此則有助於減少意識型態對教學所造成的負面影響。

三、教學權力運作的迷思

在權力運作方面，馬克思認為人類的活動並無法忽略低估權力因素所產生的衝突問題。

Bernstein（1977）認為，不同的權力位置和分化，產生不同的溝通模式，權力關係通常維持某種程度的隔離，也維持分類的原則。在教室的課堂中，素有**「班級國王」**（class king）之稱的教師，通常與學生立於不平等的權力關係，而產生某種程度的隔離與分化，並影響溝通的方式。

在現今知識與資訊科技發達的時代，學生獲得知識的管道相當多元化，教師並非學生知識來源的唯一管道。學生仍建構知識的主體，若學生僅單向地接受教師所傳遞的知識而未經**批判、反思及轉化**過程，充其量只不過進行知識的囤積（banking）而已，無法培養學生主動探索知識及解決問題的能力，則此並非教學的真正意義。

教學價值中立的重要性

傳誰的道？

授誰的業？

解誰的惑？

教師的意識型態

社會學家的簡介

馬克思（Karl Marx, 1818-1883）

　　德國的哲學家、經濟家、革命家和古典社會學家，素稱「社會主義」與「共產主義」之父。其思想深受黑格爾（Hegel）哲學之影響，其所著之《資本論》（*Das Kapital*）對資本主義社會的分析，則提供日後西方政治運動的理論基礎。

UNIT **3-7**
重視教師教學普羅化及去專業化的影響

一、何謂普羅化

　　普羅化（proletarianization）係指任何組織由於過度強調科學化管理方式，使工作的流程與內容，過度流於例行化、制式化、機械化與強制性的規範，而促使專業人員的工作在組織中，因惰於思考而喪失專業化的特質，形成非專業的普羅化問題。

　　Larson（1980）指出，專業人員在組織中的普羅化特性，通常包括下列四種：
1. 區分執行與管理工作任務。
2. 標準化與例行化的工作項目。
3. 相當密集的工作要求。
4. 降低勞動成本與訓練。

　　換言之，一個口令、一個動作、要求績效、低成本考量，乃促成專業人員在組織中，成為英雄無用武之地。

二、普羅化的現象

　　Braveman（1974）認為，普羅化現象即一個連續工作的「殘破化」，將工作切割為許多可簡單重複完成的細小部分，在完成工作的過程中減少了心智活動（姜添輝，2000）。

　　學校的教師或教育組織的思維或價值觀，若過度受到科學工具理性（instrumental rationality）思維的影響，而僅專注科學化的方式、手段與目的，使其課程與教學工作的流程與內容，過度流於例行化、制式化、機械化、強制性與績效責任的規範，也容易使教師產生去專業化問題，產生教學普羅化現象。

三、教學普羅化的問題

　　長久以來「教師」是否為「專業」，一直是教育改革關注的議題，而此問題直至目前也尚未有任何定論。教師居於執行教學與教育政策的第一線位置，如何促使教師強化其專業地位與素質，也是教育革新的重要因素之一（姜添輝，2003）。

　　教師的教學要成為專業化，擺脫去專業化之譏，從主客觀因素而言，必須擁有「教學專業知識」、「教師專業證照」和「教學專業意識型態」等三個條件，三者缺一不可，方能鞏固教師教學專業化的地位。

　　然而，教學專業化本身並非「價值中立」（value free）的語詞，本身即蘊含價值意識。換言之，教師的教學若過度隱含科學工具理性思維，則教師的教學容易流於去專業化的心智思考，及忽略教學藝術之美的表現，使教學容易流於每天固定的例行工作，教師彼此之間的教學亦無任何創新或創意，甚至特殊性與差異性之「普普」（pop）表現，而使教學產生所謂的「普羅化」現象，並有去專業化之虞。

專業人員「普羅化」
的特性

1. 區分執行與管理工作
任務

2. 標準化與例行化的工作項目

3. 相當密集的工作要求

4. 降低勞動成本與訓練

教學「普羅化」
的現象

1. 教學例行化

2. 制式化教學

3. 機械化教學

4. 強制性教學

5. 重視教學績效責任

小博士教學辭典

結構功能學派（**structural-functionalism**）

結構功能學派從功能的角度，主張社會即為一個有機組織結構，在此結構中的各組織，彼此各司所職，其運作與功能不但處於和諧關係，也相互合作與相互依賴。

法國學者 Comte 的實證（positivist）理論及英國學者 Spencer 的結構（structure）、功能（function）與社會機構（social institution）等思想，對結構功能論的興起有相當深遠的影響。

UNIT **3-8**
Vygotsky 強調語言、文化對學習的影響 (1)

一、Vygotsky 的認知發展論

　　Vygotsky（維高斯基）所提出的「**社會文化理論**」（sociocultural theory），強調社會文化脈絡會影響兒童主動思考與探索知識的方式，增加我們對社會文化在認知發展影響的重視。在某些心理學研究，將 Vygotsky 歸類於心理學家；亦有某些社會學研究，也將其歸類於社會學家，然而重點不在於將 Vygotsky 應歸類於哪個領域，重點在於 Vygotsky 的理論對我們人類社會的貢獻與影響為何。

　　Vygotsky 認為人從嬰兒出生至成年，個體始終生活在人的社會之中，必然會受到社會的文化、語言、風俗、宗教、習慣等之薰陶與影響；因此，兒童會經常使用其所熟悉的語言、數字、圖像等心理工具，發展其思維、想法或解決問題，而此即點出教師實施「文化回應學」的重要性。

　　Vygotsky 的認知發展論，共分成三部分；首先，指出「**文化**」對個體認知學習的重要性；其次，強調「**語言**」對個體認知學習具有重要的影響；第三，提出兒童心理年齡發展與經由後天協助可能達到水平之間發展的差距，即「**近側發展區**」（zone of proximal development, ZDP）概念。

二、社會文化理論

　　Vygotsky 的社會文化論，強調個體認知的改變，乃個體經由與他人互動過程中產生的，而其中「社會文化脈絡」與「社會性互動」扮演相當重要的關鍵，且提供後續教學與學習研究的重要基礎。其中，「**交互教學**」（reciprocal teaching）策略的**提問、摘要、澄清**和**預測**等，廣泛運用在閱讀理解的研究，以探究閱讀理解與其他教學法之成效比較，即發現有顯著的差異存在（Rosenshine & Meister, 1994）。兒童在交互教學過程中，能創造近側發展區的最大可能性，並逐漸理解文章段落之內容，且認定自己需負起更大的學習責任。

　　雖然，Vygotsky 強調社會文化經驗對個體認知思考改變的重要性，卻忽略個體發展在生物層面的議題，乃美中不足之處；而相關研究對兒童如何內化社會經驗，至今仍然不清楚。

三、私語對認知發展的重要性

　　兒童在日常生活或遊戲中，經常進行「**為自己而說**」的「**自我對話**」過程，Vygotsky 將其稱之為「私語」（private speech），以有別 Piaget 的「**自我中心語言**」（egocentric speech），此私語的對話過程，非常有利於兒童心智思考的發展。

　　當兒童在挑戰性活動中，發生違規犯錯，甚至遇到學習挫折時，使用私語的機會相對地增加；但隨著年齡增加，私語的運用卻逐漸轉為喃喃細語或嘴唇動作。因此，教學的實施不應忽視「私語」存在的重要地位。

Vygotsky 認知發展論的三個核心概念

文化	語言	近側發展區
（社會文化脈絡與社會互動）	（兒童的私語與自我對話）	（ZDP）

閱讀理解的交互教學策略

· 提出相關問題

· 釐清疑問之處

提問	摘要	澄清	預測
（questioning）	（summarizing）	（clarifying）	（predicting）

· 摘錄文章重點

· 預測文章內容

維高斯基（Lev S. Vygotsky, 1896-1934）

　　蘇聯社會心理學家，素有「心理學莫札特」之稱，其與 Piaget 生於同年，卻因政治和語言因素，直至 1970 年代以後，才逐漸受到心理教育與社會學重視。

　　Vygotsky 所提出「近側發展區」（zone of proximal development）和「交互學習」之概念，自 1970 年代迄今，已成為設計教學與學習環境的重要參考之依據。

UNIT **3-9**
Vygotsky 強調語言、文化對學習的影響 (2)

語言雖然在兒童的學習上扮演相當重要的角色，然而在某些社會或文化中，語言對話並非兒童學習的唯一方式，甚至也非最重要的學習途徑。因此，另類教學存在的價值乃教師應思考與重視的課題。

四、鷹架學習論

Vygotsky 所提出的鷹架學習論（scaffolding learning theory）係指當兒童不知道或不清楚如何做時，如果父母、教師或成人，提供直接的刺激、引導、回應或協助，則可有效促進兒童的認知學習與思考之發展。

大致而言，鷹架學習論對教學具有以下的啟示：

1. 教學內容應配合學生能力、興趣與經驗，提供適當的學習鷹架，可以激發或開展學生的學習潛能。
2. 教學應做適當示範或說明，以引導學生學習方向，並輔以讚美或獎勵給予適時回饋，以增強學習效果。
3. 實施文化回應教學，以學生熟悉的母語進行教學，適時反映學生主流或母文化，以刺激學生建構認知學習的活動。
4. 增進班級學生之間的良性的同儕互動，經常塑造或鼓勵學生自由表達個人想法之氛圍與機會，則非常有利於學生認知建構的內化與發展。

五、近側發展區（ZDP）理論

Vygotsky 所提出的「近側發展區」概念，係指當兒童無法單獨完成某項任務或工作時（實際能力的水平），而可能在同儕、成人或教師的協助下完成，則此最大可能發展的範圍（可能達到的水平），即「近側發展區」的概念。

Vygotsky 認為兒童的學習與成長，並非如 Piaget 主張一定會受到年齡的限制。如果**家長**、**老師**或**知識豐富的他人**，與兒童進行合作**對話**或協助兒童嘗試學習一些其他能力以外的事物，則有助兒童將這些對話的特徵內化，加速兒童思維的建構與行動，而獲得新的學習與成長。

Vygotsky 曾說，教學唯有在個體潛能發展之前，喚醒個體潛能發展區的功能，才是有效的。因此，教師若能重視教學活動中學生認知發展的潛力，善用「**合作教學**」（cooperative learning）策略，引導優秀兒童調整合作學習方式，則能協助其他近側發展區較低兒童的需求，使其學習發展更快速，甚至產生極大化的可能性。

另外，值得一提，Vygotsky 之所提出 ZDP，乃基於對智力測驗與傳統學習成就評量的不滿，這兩種方式僅能測量兒童部分的認知發展能力，而無法窺知兒童全部的認知發展能力。因此，教師在教學上亦不能僅以形成性或總結性評量，而武斷推測學生全部的認知學習情況，而鑄成教學的大錯或任何遺憾。

鷹架學習論對教學的啟示

1. 教學內容應配合學生能力、興趣與經驗
2. 提供適當的學習鷹架，以激發或開展學生的學習潛能

1. 教學應做適當示範或說明以引導學生的學習方向
2. 輔以讚美或獎勵給予適時回饋

1. 以學生熟悉的母語言進行文化回應教學
2. 教學應適時反映學生主流或母文化

1. 增進班級學生之間的良性互動
2. 塑造或鼓勵學生自由表達個人想法之氛圍與機會

Vygotsky 近側發展區（ZDP）理論

學生獨自可達到的表現

老師協助可能達到的表現

家長、老師、同儕或知識豐富的他人提供學生學習的鷹架

以對話、引導、示範、說明等方式，提供學生學習的鷹架

UNIT 3-10
Mead 的符號互動論在教學的應用

一、符號互動論是什麼

美國社會學家米德（G. H. Mead）乃素有「**符號互動論**」（symbolic interactionism）始祖之稱，其自稱為社會行為主義者，在研究人類行為方面，超越行為主義者 Waston 的行為主義論之束縛，他認為行為學習不只是「**刺激－反應**」的「**條件反射**」和「**機械化**」過程而已，更包括對特定情境脈絡的注意、知覺、感受、意圖和行動等反應過程，因使將其修正為「**刺激－詮釋－反應**」（stimulation-interpretation-reaction, S-I-R）即強調心靈對特定情境脈絡、人與人互動的符號表徵之行動思考。

Mead 認為心靈、自我和社會是分不開的，其從微觀社會學的角度，來探討人類在社會與團體互動過程中，所形成的「自我」（self）與「心靈」（mind）。他曾說：「**不是心靈而是社會，即先有社會，然後心靈才能在社會中產生**」，換言之：必先有社會團體的存在，則獨立思考與自我意識的個體，即心靈才得以接著產生。

在一般學校或教室課堂的情境脈絡中，即充斥著各種形式的教學符號表徵與符號互動的關係，包括教師的**語言**、**非語言**和**超語言**部分，教室中靜態的**情境布置**、**教科書文本**、教師與學生的**互動形式**等客體，皆不斷逐漸塑造或產生各種意義關係，而學生即以心靈進行理解與運用語言等符號進行詮釋，以了解他人或自己；換言之，教學其實並非只是「刺激－反應」的循環過程而已。

教學符號系統與符號互動的關係，經由教師心靈的理解與詮釋，不但能清楚及有效地提供教師教學實施的行動、目標與方向，更提供學生在互動學習過程中產生有意義學習。

當教師進行知識的傳遞工作之時，知識並非理所當然地真實存在於教室的課堂中。知識意義的建構與運用，仍必須經由教師與學生的參與互動過程，和學生將所接觸的外在情境脈絡之符號表徵，經由心靈意識的內化、建構與解碼等過程，學生才能獲得理性、邏輯和有意義的知識、價值與思想。

二、教學中符號互動的應用

教學的主要意圖，即期望學生獲得有效的甚至高效能的學習。符號互動論強調學習不只是「刺激－反應」的連結關係而已，教師若能善用與理解教學情境脈絡中的各種符號，**強調學生學習的主體性，減少學生反智次文化的影響，去除或減少不當標籤影響，以正向鼓勵取代懲罰，摒棄主科或副科教學的階層化思維，解構師生支配與從屬的關係**等，則能有效激勵與掌握學生進行高效能的學習。

Mead 符號互動論的演變

- S-R
- 學習行為屬於「條件反射」和「機械化」過程

行為主義論

符號互動論

- S-I-R
- 「心靈」對特定情境脈絡的注意、知覺、感受、意圖和行動等反應過程

去除或減少不當標籤影響

強調學生學習的主體性

減少學生反智次文化的影響

以正向鼓勵取代懲罰

教學中符號互動的應用

摒棄主科或副科教學的階層化思維

解構師生支配與從屬的關係

米德
（George Herbert Mead, 1863-1931）

　　美國的哲學家、社會學家與心理學家，被公認為「符號互動論」的創始人之一。米德認為「心靈」是一種「社會過程」（social process），具有理解和運用語言的能力；曾提出「社會自我論」，相當重視外在環境因素對人類行為發展的影響，認為個體的自我發展乃社會經驗不斷逐漸累積而成。

UNIT **3-11**
Durkheim 思想對教學的啟示

一、Durkheim 主張的教育功能

Durkheim（涂爾幹）認為，現代社會分工，往往不受社會價值的規範而產生「脫序」（anomie）的現象。教育系統的運作和職業選擇過程，必然因不公平而產生衝突與矛盾，促使許多學生被迫從事不適合他們的意願之工作。

而教育作為服務社會機制，其功能即將成人的價值觀與行為法則傳遞給學生，並透過「控制」與「協調」將社會各階層學生的不同興趣加以整合，使學生接受社會的共識。換言之，學校教育經由「篩選」和「分類」方式，以論能力而不論出身背景，啟發學生個體以符合功績社會的期待，對社會而言仍有其存在的特殊功能與價值。

二、重視科學研究的規範

Durkheim 認為社會現象與自然科學皆存有因果關係，強調社會學研究須合乎科學規範，即須有明確研究主題、研究對象與研究方法，運用自然科學研究法則進行探究，屏除先驗的臆測，以嚴謹客觀的觀察、歸納、比較、分析，檢驗其中存在的因果關係。

因此，教學亦存在某種因果關係，若以科學方法深入探究，則有助教師了解與解決教學問題。

三、強調多元分析的重要性

Durkheim 在《自殺論》中，深入分析自殺的類型，包括「利他型」（altruistic）、「利己型」（egoistic）、「脫序型」（anomic）和「宿命型」（fatalistic）等四種，成為後來「多元分析」（multivariate analysis）形式的始祖。

此對教學啟示，即當教師對學生進行講解各種社會事實時，即應從多元分析取向進行探討，方能詳細而完整地探討整個社會事實，並能活化學生思考而不至於窄化創意思維。

四、道德符碼的影響

Durkheim 也指出，一個統整社會必須從理性發展出一些「道德符碼」（moral code）基礎，規範社會義務與責任，以支配個體及整合社會，而在傳統社會裡，宗教教條即扮演道德的角色與任務。

基本上，Durkheim 認為的道德，則包括「教條」（discipline）、「依附與社會團體」（attachment and social groups）和「自主性」（autonomy）等三部分。

學校的教學即引導學生社會化歷程，以認同社會的道德規範，學習扮演各種符合社會價值的角色或行為，以促進社會秩序的安定發展。面對愈來愈異質化與分化的社會，道德教育則存在創造社會共識與維繫社會有機連帶的功能。

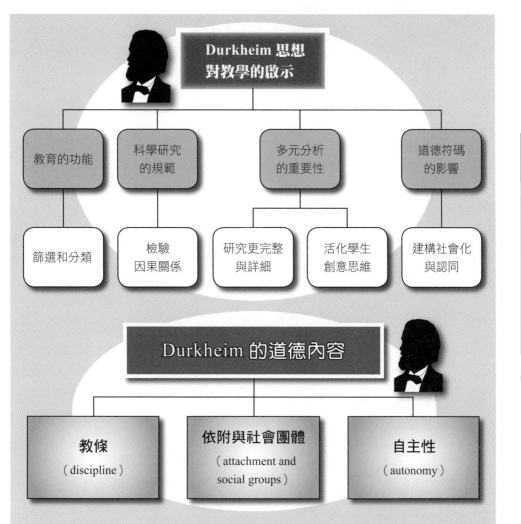

社會學家的簡介

涂爾幹（Émile Durkheim, 1858-1917）

　　於 1815 年生於法國 Alsace-Lorraine 地區，係法國社會學家，其思想深受法、德、英等國學術傳統之影響；Durkheim 窮畢生之力研究法國的社會問題，即在於建立「科學化」的社會學，以協助法國改善社會問題。

UNIT 3-12
Weber 思想對教學的影響

一、Weber 對理性的看法

德國的社會學家韋伯（Marx Weber）認為「理性化」（rationalization）乃西方文明發展的普遍意義與普遍價值核心，如**資本主義、科層體制**和**科學技術**等。其在「經濟與社會」及「宗教社會學」論文集中則指出，理性化在消極方面，即在「**解除魔咒**」，以去除思想或宗教的神祕性；在積極方面，則在建立現代化各領域生活的「**系統性、可計算性**和**一致性**」。

Weber 認為社會學家與自然科學家之差異，在於社會學家比較能夠「理解」社會事實或現象。而理解並非僅從文本或社會現象所獲得的感覺，乃「理性化」的結果，若要完整地理解則必須「指出行動者（agents）所企圖的行動意義」及「覺知行動所附屬且促成意義的情境脈絡」，而此即教師應深入了解學生特性之原因。

Weber 亦認為教育以「陶冶」為目的，經由理性化過程，培養「有教養的人」（the cultivated man）而非某領域技術的「專家」（specialist）。而要達成此目的，則教師在教學實施歷程中，必須引導學生先經由理性化的思考，指出事實或現象背後所潛藏的意義和對情境脈絡的覺知，此種由學生主動覺知或發覺的，並非教師給予的，才是真正理解某個事實或現象。

不過，現代西方教育理性化發展結果，實際上專門化的教育已逐漸取代傳統的博雅教育；即對專家教育的重視和培養，卻已逐漸超越有教養的人。

二、理性化有哪些類型

大致而言，Weber 理性化的形式，包括下列四種：

1. 「**形式合理性**」（formal rationality）：即符合社會自由公平競爭的齊頭式平等原則。如科層體制乃文化層面最理性化的，即形式合理性最高的表現。

2. 「**實質合理性**」（substantive rationality）：即給予特定族群較多機會或積極的差別待遇，以彌補其競爭的劣勢；實質合理性存在非理性成分，基本上與形式合理性背道而馳。

3. 「**價值合理性**」（value rationality）：即行動產生與否，不在於成就之有無，而在於某種特定方式的行為本身。換言之，價值合理性的行動，屬於非理性行動的選擇。

4. 「**目的合理性**」（purposive rationality）：依據目的、手段和後果作為行為取向，不但考量手段與目的，也考量目的與後果，並將可能的目的相比較，以做出合理的判斷。

而這四種理性化又分別表現不同層次，即形式合理性與實質合理性屬於社會文化層次；而價值合理性與目的合理性則屬於個人行動層級。

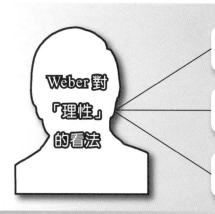

Weber 對「理性」的看法

消極方面：解除世界魔咒，去除思想的神祕性

積極方面：建立現代化各領域生活的系統性、可計算性和一致性

目地方面：培養「有教養的人」而非某領域技術的「專家」

Weber 理性化的類型

社會文化層面

形式合理性（formal rationality）
1. 符合社會自由公平競爭的原則
2. 齊頭式平等

實質合理性（substantive rationality）
1. 給予較多機會或積極的差別待遇
2. 彌補特定族群競爭劣勢

個人行動層面

價值合理性（value rationality）
1. 行動與否不在成就有無而在某種特定行為本身
2. 非理性行動

目的合理性（purposive rationality）
1. 依據目的、手段和後果作為行為取向
2. 做出合理的判斷

韋伯（Max, Weber, 1864-1920）

社會學家的簡介

　　德國經濟家、歷史學家和古典社會學家，和馬克思及涂爾幹並稱為古典社會學三巨擘。其曾修習經濟、歷史、哲學及神學，於 1889 年獲得柏林大學法學博士。Weber 一生非常熱愛學術，學術乃其心中真正的故鄉，然而卻是一個令其靈魂備受煎熬的故鄉。其著名的理論概念，諸如「科層體制」（bureaucracy）、「卡理斯瑪」（charisma）等。

第 4 章
哲學家知覺的教學思維

●●●●●●●●●●●●●●●●●●●●● 章節體系架構 ▼

　　早期東、西方之哲學家，對於人類「如何知道」即進行各種描述，比心理學家還要更早。近代十七世紀的西方啟蒙運動，開啟理性哲學的新思維，強調對人的尊嚴與價值並受到應有的尊重。

　　教學的哲學思維，即在探討教學的主體性為何？教學存在的意義與價值是什麼？教學存在的功能為何？學生學習的意義與價值為何？等。易言之，即在於了解教學是「為何而教？」「要教什麼？」「如何教？」「誰來教？」「教學對象是誰？」等層面之問題。

哲學家知覺的教學思維

為何而教？ Why？	要教什麼？ What？	如何教？ How？	誰來教？ Who？	教學對象 是誰？

UNIT **4-1**
Socrates 產婆術——提出教學問題與刺激思考

一、產婆術的由來

西塞羅曾說：「**Socrates 使哲學從天上來到人間。**」Socrates 乃是希臘三哲的第一位，其與柏拉圖、亞里斯多德共同奠定西方哲學的基礎。由於 Socrates 出生於混亂的古希臘戰爭時期，當時的倫理道德之價值觀念淪喪，因此 Socrates 認為，若要重振當時生活的倫理道德，則每個人即必須重新地「**認識自己**」，而奠定西方哲學的根基。

在古希臘的德爾菲（Delphi）神壇中，刻有「**認識汝身**」，Socrates 常將其作為自己的哲學方法，藉此希望一般人也能跳脫日常生活固定的思考模式，進而了解自己思想的本質；其經常也從多面向的「詰問法」與他人探討日常生活中的言語，經由深入的對話互動過程，逐漸使對方了解自己的無知，當對方**覺知**「**自己的無知**」時，即真正「認識自己」，而此即是最高的知識。

此外，Socrates 曾說，不必在意「**誰說了那句話？**」而要在意「**那句話是真或假？**」即對事物不但應探究其本質，更應探求「思維與存在」的緊密關係。此「詰問法」即相當類似於現代的「**發問教學法**」，而此乃影響「**啟發式教學法**」發展的先驅。

Socrates 一生非常喜好在街頭辯論，以駁好辯之士的「相對」和「懷疑」，奠

定客觀知識的基礎；然終其一生並未有任何的著作，其主要的思想皆收錄於弟子柏拉圖（Plato）的《對話錄》和色諾芬尼（Xenophanes）的《回憶錄》中。

由於 Socrates 的母親曾以接生為業，其受到母親之影響，而提出相當有名的「產婆術」之說。Socrates 認為其並無智慧，無法給他人許多的智慧，其認為人們即具某些先天基本的知識、技能或觀念，教師即類似古代產婆的角色，扮演引導者之角色，進行各種提問，以協助待產孕婦（學生）將嬰兒（知識、技能或觀念）接生出來。

二、產婆術可提出哪些問題

教師以 Socrates 的「詰問法」或「產婆術」進行教學時，可以應用詰問的技巧，包括可提出「**認知性**」（cognitive）、「**聚斂性**」（convergent）、「**擴散性**」（divergent）、「**評鑑性**」（evaluative）、「**推理性**」（reasoning）、「**創造性**」（creative）、「**批判性**」（critical）等方面的問題，以協助學生發現問題，刺激學生進行思考，培養學生學習的好奇心和興趣；其次，透過師生之間的提問互動過程，除表達其所知之外，亦可澄清迷思概念；最後，經由對話的腦力激盪過程，則有助其理解與提供反思另類觀點的可能性。

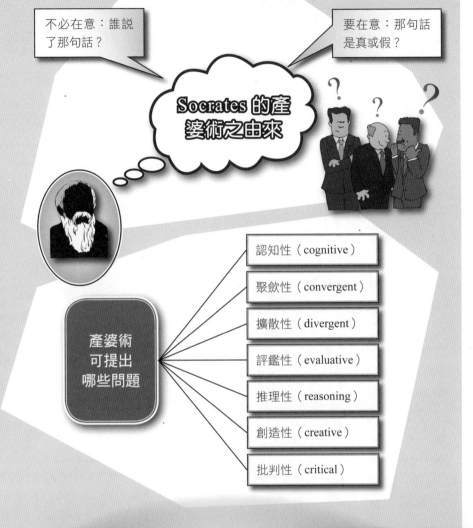

不必在意：誰説了那句話？

要在意：那句話是真或假？

Socrates 的產婆術之由來

	認知性（cognitive）
	聚斂性（convergent）
	擴散性（divergent）
產婆術可提出哪些問題	評鑑性（evaluative）
	推理性（reasoning）
	創造性（creative）
	批判性（critical）

哲學家的簡介

蘇格拉底（Socrates, 前 469 年 - 前 399 年）

　　素有「**西方孔子**」之稱，乃古希臘哲學家，與其學生柏拉圖及柏拉圖的學生亞里斯多德，普遍被公認為古希臘的三位哲學家。蘇格拉底也被後人廣泛公認為奠定西方哲學文化的奠基者之一。

UNIT **4-2**
Plato 理性主義──追尋教學真理知識之鑰

一、哲學兼詩人的 Plato

　　Plato（柏拉圖）出生於雅典的貴族世家，從小即受到良好與完整的教育，其少年時代亦非常勤奮好學，不但多才多藝且體格也相當健壯。

　　Plato 從小即受到優良家庭的薰陶，而啟發其思想的老師也相當多，諸如荷馬、畢達哥拉斯、帕米尼德斯等；然而，啟發思想最深的莫過於其老師 Socrates。

　　由於全身參與及親自目睹老師 Socrates 受審及獄中飲毒伏法過程的切身之痛，而對其產生很大的震撼，使其對當時的政治體制完全徹底失望，在「**今世與來生**」、「**此世與彼岸**」、「**靈魂與肉體**」的時空激盪中，而轉化出實質存在的「**觀念**」（形而上）與「**感官**」（形而下）之二元論。另外，也因此而展開旅程遍遊義大利、西西里島、埃及等地，透過親身體驗與實踐的方式，以尋求知識真理。

　　少年時期的 Plato 相當喜好文學作品，其在名著《對話錄》中非常喜歡使用故事和寓言的方式，以引人入勝。其兼具哲人與詩人的角色，使「**哲學的靈魂**」遇到「**詩人燦爛的外衣**」相互激盪，因而創造及融合「真」與「美」且表情達意之作品，並使其精彩的《對話錄》成為空前絕後之作品。

　　Plato 的若干思想，對教學具有深遠啟示，當教師在實施教學時，應儘可能提供學生參與、體驗與實踐的各種機會，並善用「二元對立」的矛盾、衝突或兩難困境（dilemma），甚至將教學內容適時融入某些**隱喻、故事、預言**等，協助學生感受教學的真、善與美，則教學不但精采可期，也必能使教學更具想像力與吸引的魅力，則學生一定會非常喜愛教學及上課。

二、如何協助學生獲得知識

　　真理知識乃人類自古以來一直不斷追尋的目標，教師應理解「**如何學習？**」（How to learn?）比「**學習什麼？**」（What to learn?）還要重要！實施教學應以適性化方式引導學生進行學習，而非僅以單向式的講述法，不斷進行知識的累積而已。

　　Plato 在其非常有名的著作《理想國》（*The Republic*）中，主張理性主義，認為要獲得真理知識，可透過**理性、直觀、啟示**或**尋求上帝**而得；換言之，知識並非依靠感覺而來，乃須經由**推理與認識**的可靠性過程而產生的。

　　基本上，Plato 認為所有知識皆是有機體與生俱來的，學習只不過是一種錯覺而已，人生活在直接經驗中只會起迷惑或混淆的作用，使心靈無法回憶起與生俱來的觀念，所以推理乃獲得真理的手段（施良方，1996）。

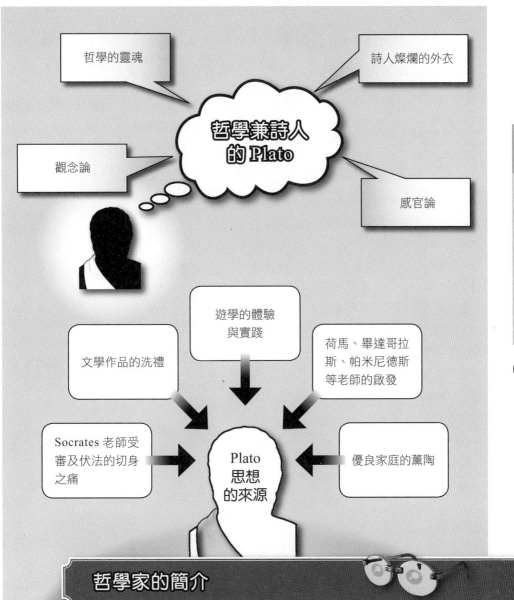

哲學家的簡介

柏拉圖（Plato, B.C. 427-347）

　　古希臘哲學家，是蘇格拉底的學生，也是亞里斯多德的老師。與其師蘇格拉底一樣，普遍被尊稱為古希臘的三位哲學家之一。柏拉圖對數學充滿了滿腔熱誠，但卻未能成為知名的數學家，不過卻獲得了「**數學家的締造者**」之美稱。

UNIT 4-3
Aristotle 認為教學應促進學生的感覺 (1)

一、熱愛真理的 Aristotle

　　Aristotle（亞里斯多德）是古希臘最偉大的哲學家，素有「最聰明的希臘人」之稱。古希臘哲學家 Plato 是他的老師，而亞歷山大大帝則是他的學生；其與 Socrates、Plato 普遍被公認為古希臘的三位哲學家。

　　Aristotle 於 18 歲時即進入當時著名的 Plato 學園，學習將近二十年，其並非欣賞 Plato 的學術和才能，而是欣賞 Plato 能將**德行**、**學問**和**生活幸福**等三者融合一體，而表現出「**知即德**」、「**德即福**」和「**福即知**」的風範。

　　Aristotle 非常聰明，思想敏捷刻苦勤學，且涉獵廣泛，非常受到老師 Plato 的器重。Plato 認為其非常不同於一般人，若不善加管教，即無法成為其心目中理想期望之人。

　　Aristotle 曾說：「**吾愛吾師，吾更愛真理。**」他非常尊敬 Plato，但在真理知識的追求，卻有獨自的思考和見解。Aristotle 認為客觀存在的物質世界是永恆的，我們感官未曾經驗過的事物就不可能有意識，而此意識即未依靠任何觀念而產生；雖然此與老師 Plato 的看法南轅北轍，但可見其對知識真理的執著與堅持。

　　此對教學啟示而言，教師引導學生以感官獲得知識固然重要，但若能經常鼓勵學生對其所見所聞，主動提出各種不同的看法，即是培養學生帶得走的能力，而非背不動的書包（知識）。而此則與愛因斯坦主張：「**想像力比知識還重要**」，似乎有異曲同工之妙。其次，教學應提供或刺激學生獨立思考或進行團體的腦力激盪，以培養學生決定與判斷真理知識的能力。

二、逍遙學派 vs. 博雅教育

　　Aristotle 主張經驗主義，認為「**認識**」或「**知道**」是由**感官**的個別經驗開始的，知識建立在**感覺經驗**的基礎上，沒有感覺經驗即無知識產生可能性。因此，Aristotle 非常重視教學方法，反對以固定、僵化、刻板的教學方式來教導學生，他經常帶著學生走在 Peripatos 花園的林蔭大道上，一邊散步一邊以逍遙自在的方式來學習及探討知識哲理，充分使學生在 Peripatos 中，感受學習的自由、消遙、無束縛和無壓力。

　　所以，Aristotle 約於西元前 335 年左右，在雅典即以「自由學風」和「博雅教育」（liberal education）理念創辦「逍遙學院」（the Peripatos）（或稱「逍遙學派」）。

　　而此對教學的啟示，即教師應讓學生感受學習的自由與快樂，強調無學習壓力的重要原則；其次，教學應建立在學生舊有的經驗、知識或感覺等基礎上，以符合自然學習的原則，才能協助學生獲得最佳的學習效果。

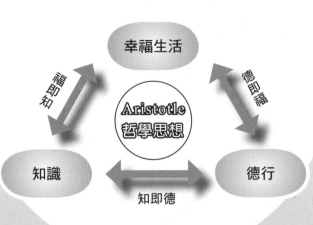

博雅教育的內涵

| 增進心靈和培養智力 | 重「博」而非「專」 | 不假他求的內在目的為目的 | 擁有幸福和自我實現的公民 |

哲學家的簡介

亞里斯多德（Aristotle, B.C. 384-322）

　　古希臘哲學家，柏拉圖的學生、亞歷山大大帝的老師。其所涉略知識及著作相當廣泛，其範圍包括物理學、形上學、戲劇詩歌、生物學、動物學、邏輯學、政治學等，其具有高度的理性邏輯與敏銳的觀察分析能力，乃一位不可多得的通才哲學家。

UNIT 4-4
Aristotle 認為教學應促進學生的感覺 (2)

三、聯想主義的原則

　　Aristotle 普遍被公認為第一位聯想主義者，但其卻未曾使用此　術語；然而，聯想主義的「**鄰近原則**」、「**相似原則**」、「**對比原則**」等三個原則，卻是其最先提出來的（施良方，1996）。茲分別將其簡要說明如下：

1. **鄰近原則**：係指在時間或空間上接近的事物，則比較容易產生聯想。

2. **相似原則**：係指在外形和內涵上相似的事物，比較容易產生聯想。

3. **對比原則**：係指在性質或特點上相反的事物，則比較容易產生聯想。

　　總而言之，當教師引導學生進行思考時，即應從學生常接觸、簡單的、有感覺的、熟悉的等經驗出發，提醒學生注意是否出現「鄰近」、「相似」、「對比」等原則，以有效激發或引起學生的學習興趣，亦可使教師對教學產生信心並對教學生涯樂此不疲。

四、工具書的貢獻

　　Aristotle 所著的《工具書》（*Organon*）中，最先開始揭示以理性的「演繹法」（deduction）作為「邏輯推演」的方法，奠定西方探討邏輯理性知識的根基。

　　演繹法強調「共相」到「殊相」的推演過程，係由三個命題所組成，乃先以目前所累積的許多已知經驗的原則為「大前提」，接著以目前的實例為「小前提」，再由此大、小前提而推演出結論，因此也戲稱為「三段論法」（syllogism）。例如，「凡人皆會死」（大前提），「蘇格拉底是人」，因此「蘇格拉底會死」（結論）。其次，又如凡是金屬皆會導電（大前提），銅是金屬（小前提），因此銅也會導電（結論）。

　　通常三段論法所用的基本原則或規律，大致包括以下四方面：

1. **同一律**（principle of identity）：係指「是即是是」，「不是即是非」。即 $A = B$，$B = C$，則 $A = C$。

2. **矛盾律**（principle of contradiction）：係指「是不能是非」，「非不能是是」。即 $A = B$，$B \neq C$，則 $A \neq C$。

3. **肯定律**（dictum de omni）：不但肯定全體，也肯定全體之中的每一分子。例如，若凡人是動物（全體），王八是人（分子），則王八是動物（肯定分子）。

4. **否定律**（dictum de nullo）：即否定全體，也否定全體之中的每一分子。例如，凡動物不會講話（全體），狗是動物（分子），則狗不會講話（否定分子）。

　　上述這些規律，乃有助教師協助學生建立邏輯知識不可或缺的法則。

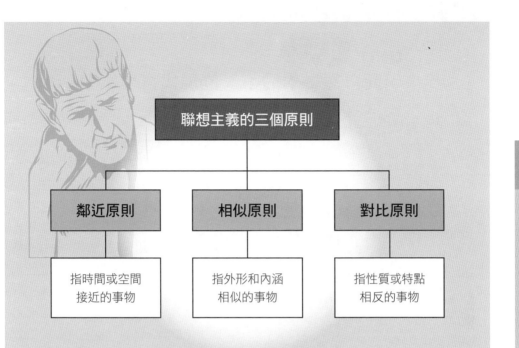

聯想主義的三個原則

鄰近原則	相似原則	對比原則
指時間或空間 接近的事物	指外形和內涵 相似的事物	指性質或特點 相反的事物

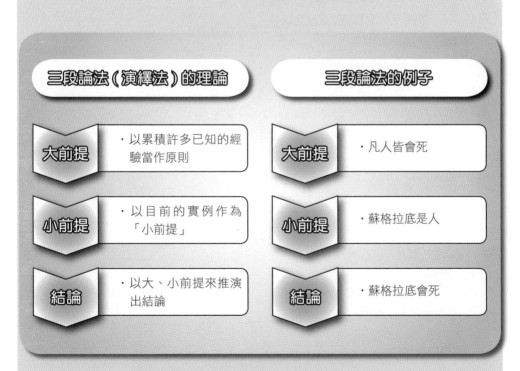

三段論法（演繹法）的理論

大前提	·以累積許多已知的經驗當作原則
小前提	·以目前的實例作為「小前提」
結論	·以大、小前提來推演出結論

三段論法的例子

大前提	·凡人皆會死
小前提	·蘇格拉底是人
結論	·蘇格拉底會死

UNIT **4-5**
崇尚自然科學的第一位現代哲學家 Descatres

圖解教學原理與設計

一、懷疑對真理知識的重要

法國哲學家笛卡兒（Descatres）在西方文明史占有非常重要的一席之地，素有西方「第一位現代哲學家」之稱。Descatres 曾說：「**我懷疑，故我在**」（Dubito, ergo sum）和「**我思故我在**」（Cogito, ergo sum），即主張對任何事物或知識的追求，皆須抱持懷疑態度。

Descatres 認為常人對於「理所當然」或「習以為常」的觀念、事物或權威者的言論，即應抱持疑惑的態度。在學問的追求應秉持「**知之為知之，不知為不知**」，切勿「**不知為知**」；對知識真理的追求，不能過度解讀或誇張，「**有一分證據，才講一分話**」。因而其也經常懷疑當時教皇所言的真偽，其目的即在追求事實「真相」。

二、理性思維的重要

Descatres 認為若人類要獲得正確的知識或信念，則必須訴諸人類的理性思維，而尋覓知識真理即是理性重要的任務。Descatres 崇尚「自然科學」，提出「懷疑論」，即直接對一切傳統的否定與質疑。不過，他認為懷疑只是探究知識的方法和過程，懷疑不在於消極地否定，應導向更積極意義的創造，才能促成科學知識不斷的革新與創新。

Descatres 也主張人類應使用不證自明及不容懷疑的原理，如以數學的「算術」（arithmatica）和「幾何」（geometria）的方法來進行哲學思考，因為他相信「**理性的思維**」比「**感官的感受**」更可靠。

Descatres 於 1637 年著有《方法論》（*Discourse on Methods*）一書，強調「方法」的重要性，即不亞於英國的 Bacon。方法論主張對某些不清楚及無法區分差異的，甚至無法直接判斷真假時，即可經由理性思維，將困難或難懂之處，先進行簡單的細部分析，再逐漸往最複雜的部分，最後再全盤檢視每個細部，以避免遺漏，則自然能了解真理知識或概念為何。

因此，《方法論》的理性思維，能釐清教學中某些模糊、不確定的概念或知識，並建立系統化、組織化的觀念。所以，當遇到學生某些不清楚或難以理解的概念或知識時，即可引導學生透過理性思維，先從簡單、易懂的部分進行分析，再進行通盤綜合檢視，則自然能逐漸理解所學知識。

三、思考和懷疑對教學的啟示

Descatres 主張「**重思考**」和「**懷疑態度**」，對後代教學發揮很大的啟示作用，即教學應以務實態度，探究知識真理，才是最佳的教學典範。

教師在實施教學時，不應只將各種知識灌輸或填鴨給學生，應提供學生思考、懷疑的過程和時間，以清晰明瞭並充分理解教師所傳授的知識或經驗的「真相」。

我懷疑，故我在

我思，故我在

知之為知之，不知為不知

彰顯理性思維的存在

減低否定意涵，導向積極意義

有一分證據，才說一分話

哲學家的簡介

笛卡兒（Rene Descatres, 1596-1650）

　　法國哲學家、數學家與物理學家。他將幾何座標體系公式化，對現代數學的發展頗有貢獻，因而幾何座標即命名為笛卡兒座標，並獲得「解析幾何之父」之名。另外，他認為每個人的理性天分皆相同，為何要服從權威？而此對真理的追尋與執著，也贏得西方「第一位現代哲學家」之名。

UNIT **4-6**
第一位現代科學家 Bacon 強調大膽假設小心求證

一、第一位現代科學家 Bacon

　　英國的哲學家培根（Francis Bacon）見識廣博非常人所及，主張對學問追求應秉持懷疑態度，及免除心中的各種偶像，使學術研究更開放與自由，才能獲得「知識真理」，因而素有西方「**第一位現代科學家**」之稱。

　　科學乃破除迷信的最佳工具，但對偶像的崇拜乃科學的最大之禁忌。教師教導學生對真理知識或概念的追尋亦是如此，應善加引導學生避免過度對偶像或英雄事蹟的崇拜，教學應引導學生對任何事物抱持懷疑的態度，並大膽假設，小心求證，才能獲得知識真理，而不被偶像所蒙蔽。

二、歸納法的誕生與意義

　　「工欲善其事，必先利其器。」研究學問必須有適當的工具輔助，Bacon 認為 Aristotle 所著《工具書》（*Organon*）的演繹推論，乃在舊有的信念基礎進行分析推演，充其量只能「溫故」卻不能「知新」；因此，Bacon 反對《工具書》的觀念，認為其僅是舊工具，有阻礙科學進步之虞。Bacon 認為要解開萬事萬物的各種奧祕，必須以新的或其他的方法，遂於西元 1620 年出版《新工具》（*Novum Organum*），教導人們嘗試解開各種奧祕（林玉体，2005）。

　　Bacon 的「歸納法」（inductive reasoning）係指認識事物的邏輯思維方法；一言以蔽之，其核心概念即「存異求同」；任何同類事物不見得皆彼此相同，若能尋找出其中的基本或共同規律，並假設同類的其他事物也遵循這些規律，並將這些規律作為預測同類事物的基本原理或認知方法，即所謂的歸納法。

　　一般而言，歸納法可分成：以歸類方式，推理出同一類事物具有的某種相同屬性的「**完全歸納法**」；其次，是「**不完全歸納法**」，其又可分成「**簡單枚舉法**」和「**科學歸納法**」等兩類。**簡單枚舉法**，係以類推方式，推理出某種屬性的所有對象，皆具有某種屬性的推理方法。至於科學歸納法，說明如後。

三、歸納法與教學

　　科學歸納法係指依據事物的某種屬性，並分析制約此種情況的原因，進而推出此類事物普遍具有此種屬性的推理方法。科學歸納法可分成以下兩種基本方法：

1. **求同法**：係指將某些事物出現同一現象的幾種情形進行分析比較，並找出相同的原因或條件，此即求同法。
2. **求異法**：係指某種現象或原因出現於一個場合，但另一個場合則不出現，而此兩個場合只有一條件不同，則此條件即此現象的原因，此即求異法。

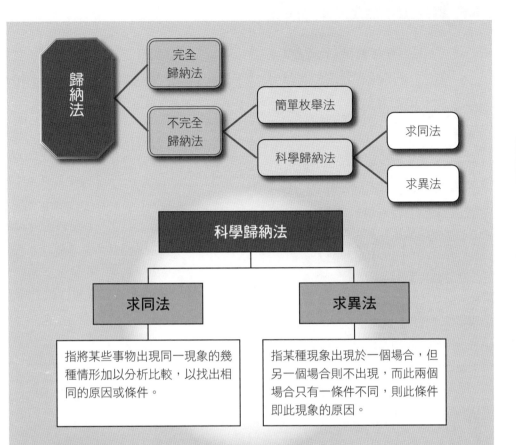

科學歸納法

求同法

指將某些事物出現同一現象的幾種情形加以分析比較，以找出相同的原因或條件。

求異法

指某種現象出現於一個場合，但另一個場合則不出現，而此兩個場合只有一條件不同，則此條件即此現象的原因。

哲學家的簡介

培根（Francis Bacon, 1561-1626）

　　英國文藝復興時代的散文作家、哲學家、政治家與科學家。他堅信上帝的存在，但認為世界並非全是宗教的；他秉持理性主義，卻不崇拜迷信；他是位經驗主義學家，而非詭辯學家；他是一位政治的現實主義者，而非政治的理論主義者。

教學方法的哲學思辨

　　面對複雜多變的教學情境，教師除應有科學化及按部就班的教學方法之外，亦不應僵化於某種固定的教學方法。不管直接或間接的教學方法，任何教學方法只有適用與否，卻無好壞之分。俗語說：「給學生一條魚，不如教他釣魚的方法。」學生並非填塞知識的容器，如何讓學生懂得釣魚的方法，乃以哲學角度思考有效教學方法的重點。

小博士的解說

UNIT **4-7**
Locke 比喻兒童是「白板」──強調後天環境的重要

一、Locke 強調感官的重要

洛克（John Locke）乃英國「經驗主義」哲學的代表人物，其思想對後代政治和哲學的發展，皆產生非常重大的影響，也被視為西方啟蒙時代最具影響力的思想家和自由主義者。

Locke 於 20 歲時即進入英國牛津大學就讀，對於牛津學者迷戀於教父之學深感不滿；他認為所有知識皆源自後天經驗，經由「**感覺**」（feeling）和「**反思**」（reflection）的內外在歷程，乃獲得知識的唯一管道；感覺來自於感官對外在世界的感受，而反思則來自於心靈本身的觀察，真理知識即從感官所見與反思歷程而得。

二、Locke 的白板說

Locke 曾提出心靈的「白板說」主張，其將兒童比喻成「**白板**」（tabula rasa），拉丁文之意思即「**空白未書寫的板子**」。

Locke 認為人出生時，如同潔白無瑕的白板，並未帶有任何的記憶和思想，否認先天觀念存在，性格的養成係受後天所經歷的各種經驗，逐漸不斷地塑造而成。

換言之，Locke 的白板說教育哲學，強調「後天環境－教養」的重要，認為兒童並無法主動決定自己的命運，兒童並非獨立、主動及存在的個體，因此這塊白板必須由成人來書寫或塑造。而此強調外在力量塑造的觀點，則似乎與二十世紀「行為主義」（behaviorism）論點不謀而合。

然而，Locke 過於強調外在力量的觀點，在現代兒童發展的理論中，已逐漸式微；教育或環境在兒童生長與發展過程中，雖扮演相當的重要角色，但兒童個體本身的主動性，也是促進兒童生長和發展最基本且不可忽視的主要條件。

三、對教學的啟示

Locke 的「白板說」，認為兒童即具有很高的可塑性，因而建議教師，應妥善運用獎勵和讚美的方式，來取代金錢和糖果的獎勵，反對以體罰來教育兒童。換言之，教師實施教學的目的，即在透過外在適性化的教導，適當的獎懲方式來塑造兒童，以引導兒童在身、心、靈等方面，充分達到自由和諧的生長與發展。

另外，Locke 也相當強調兒童早期經驗對發展的影響，及父母對兒童智力發展的責任。其曾將父母比喻為理性的教師，只要父母細心與耐心的指導，即可依照自己的期望將兒童塑造成他們理想的樣子。因此，父母或教師在實施教學時，不妨給予兒童充分的彈性與自由，不過在教導過程仍應稍加約束，但如何恰到好處，其運用之妙則完全掌握在教師或父母。

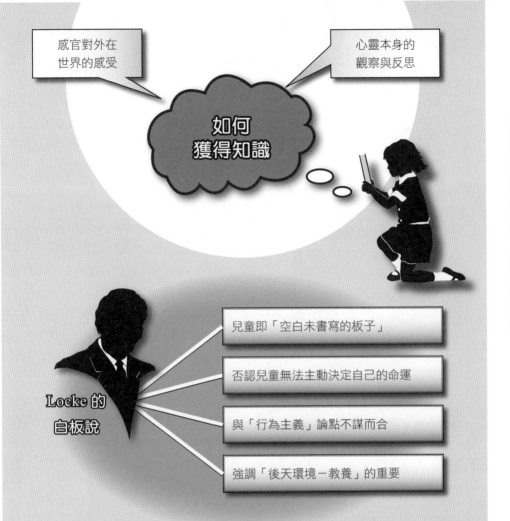

感官對外在
世界的感受

心靈本身的
觀察與反思

如何
獲得知識

Locke 的
白板說

兒童即「空白未書寫的板子」

否認兒童無法主動決定自己的命運

與「行為主義」論點不謀而合

強調「後天環境－教養」的重要

哲學家的簡介

洛克（John Locke, 1632-1704）

　　十七世紀英國的哲學家，其作品可稱之為二十世紀「行為主義學派」（behaviorism）的先驅。在知識論方面，洛克、休謨、貝克萊等三人，同列為英國「經驗主義」的代表人物。

UNIT **4-8**
法國 Rousseau 崇尚自然主義並以兒童為中心

一、幼年痛苦的經驗

　　十八世紀法國哲學家盧梭（Rousseau）受早期喪母和痛苦學習經驗影響，主張成人應讓兒童順其自然本質而發展與成長，甚至認為父母應以「**放任方式**」，來管教其子女。

　　Rousseau 於《**愛彌兒**》（*Émile*）中曾說，來自於造物主的一切皆善，但一經人手即變壞；主張教育應以理想和自然方式，培養兒童成為自由的人，使兒童能像哲學家一樣，自由地思考，並像農夫一樣，勤勞地耕種。

　　另外，Rousseau 也認為，教育的目的在於培養「人」，而非培養「政治人」或「社會人」；因而主張「**返回自然**」、「**順其自然**」，因兒童本身即具有教育作用存在，教育即應去除形式作風，不應脫離現實生活，應回歸自然才能使兒童呈現真實的原形。

二、與 Locke 思想的差異

　　茲將法國 Rousseau 與英國 Locke 對兒童的看法，說明如下：

(一)對兒童看法

　　Rousseau 強調**內在的**、**天生的**力量之重要；Locke 認為兒童如空白未書寫的「**白板**」，乃知識的「**容器**」，僅等待父母或老師的教導。

(二)未來發展

　　Rousseau 認為兒童天生即具是非觀念，本身即能支配內在以成為完美與良善的本質，會往健康、正向而有次序的方向成長與發展，且能主動決定自己未來的命運，屬於「**高貴的野蠻人**」（noble savages）；而 Locke 認為兒童無法主動決定自己的未來，必須被動接受父母或教師的引導。

(三)教學方法與管束方面

　　Rousseau 以「**兒童為中心**」，認為兒童不需成人約束或控制，後天成人的教導，只會損害兒童的獨特思考、情感和道德觀，因此父母或教師不能一味地約束或限制兒童發展；不過，Lock 卻主張「**教師中心**」，須依賴父母或老師的引導或約束，則其學習才能逐漸成長與發展。

(四)教學實施

　　在教學實施方面，Rousseau 曾說：「**我們的手，我們的腳，我們的眼睛，是我們的第一個老師。**」因此，教師應充分運用兒童的感官的感覺和自由活動，來進行實物教學，教學應讓兒童透過實際的觀察、見習與體驗，如同農夫和木匠的實地工作歷程，才能獲得真實的知識或學問。

三、Rousseau 思想對教學的啟示

(一)教學應尊重學生的自然發展

　　教學不應過度強調形式訓練而揠苗助長，並應鼓勵或引導學生以感官進行實物或體驗學習。

(二)改變教師中心的觀念

　　兒童是兒童，並非成人，教學不應只為未來生活預做準備；教學應以學生經驗、能力和興趣為基礎。

Rousseau 和 Locke 思想之比較

	Locke	Rousseau
對兒童的看法	白板、容器	內在、天生力量的重要
未來發展	他人、被動決定	自己、主動決定
教學方式	教師中心	兒童中心
教學實施	灌輸抽象知識	充分運用感官 實施體驗學習 進行實物教學
管教方式	約束、限制	放任、自由

哲學家的簡介

盧梭（Jean Jacques Rousseau, 1712-1778）

　　法國瑞士裔的思想家、哲學家、作家、政治理論家和作曲家，他不但是影響現代社會民主制度最重要的思想家之一，也是改變法國教育趨勢發展的重要學者及引發法國大革命的先鋒。

小博士的解說

教學的哲學思維

　　沒有哲學思維的教學，空洞茫然且無所適從。教學的哲學思維即提供教師在教學歷程中，包括教學的思考、規劃、設計、實施與評量等歷程，應思考哪些哲學的理論或方法，可以提供其實施教學之方向或依據，以進行有意義的教學。然而，教學的哲學目的應不僅止於教學生學習文字的記憶與理解，更應含括學生個人情意層面之培養，即實現「全人教育」的理念。

UNIT 4-9
主張直觀教學法的平民教育之父 Pestalozzi

一、Pestalozzi 的哲學思想

瑞士的教育思想家裴斯泰洛齊（Pestalozzi），在西方素有「**平民教育之父**」和「**教育領域的哥倫布**」之稱。其感性的性格、悲天憫人的教育愛思想，及一生致力於「**提倡平民教育**」運動，主要乃深受母親教導及童年生活的影響所奠定的根基。

西方在十七世紀以前，教育乃專屬於有閒階級，大學和中學皆屬於貴族學校，一般平民仍不得其門而入。Pestalozzi 非常反對貴族的唯智教育，認為教育不應僅限於貴族子弟，應發揮「**教育愛**」的精神，將教育擴及貧苦無依、無家可歸、孤苦伶仃、流浪街頭或智能低下等「**低層次價值**」的兒童。因此，Pestalozzi 雖然貧窮潦倒、舉債度日、債台高築及傾家蕩產，但仍然身體力行並實踐創立學校，其精神猶如中國的武訓興學一般，非常值得肯定與欽佩。

Pestalozzi 認為教育的目的，在於促進全面、和諧地發展學生的天資和能力，教育的主要原則即應遵循自然，符合自然發展順序和永恆不變的規律，使學生得到鍛鍊與發展。

二、Pestalozzi 對教學的啟示

(一)教學應充分運用兒童的感官

Pestalozzi 秉持自然主義教育之精神，認為兒童的思想是非常的靈活，教育應順應自然，教學更應讓兒童自然地運用感官的感覺，從充分地感受事物開始，以進行分析與類化，避免傳統死讀、死記的呆板教學方法，才能協助兒童將語言、觀念、感覺緊密結合。

(二)教學心理化：進行直觀教學

Pestalozzi 認為兒童與生俱來即具有直觀的能力，而此倡導「**直觀教學**」（intuitive teaching）或「**實物教學**」（object lesson），即教學上引導學生直接進行觀察事物，而非透過媒介物來觀察物體或進行機械式教學，此即所謂將「教學心理化」。

(三)教學重啟智而輕記憶

教學目的在於以自然及循序漸進的方式，逐漸開展學生智能，而非進行僵化的、機械式的訓練學生記憶與學習固定的教材內容，使學生變成堆積知識的容器。

(四)教學在促進頭手心的和諧發展

在教學上主張應簡化書本的教學知識，增加藝術修練與宗教的陶冶；教學並應與生產勞動相結合，以協助兒童一面從事紡織和農業勞動之工作，另外亦進行讀（reading）、寫（writing）、算（arithmetic）的三 R 教育，以促進兒童的頭（Kopf）、手（Hand）、心（Herz）等三者的和諧發展。

認識 Pestalozzi

| 平民教育之父 | 教育領域的哥倫布 | 提倡平民教育 | 發揮及倡導教育愛精神 |

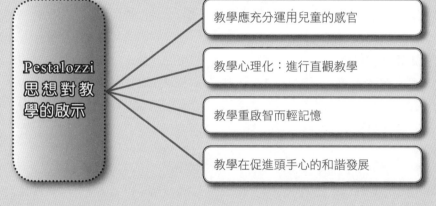

Pestalozzi
思想對教學的啟示

教學應充分運用兒童的感官

教學心理化：進行直觀教學

教學重啟智而輕記憶

教學在促進頭手心的和諧發展

哲學家的簡介

裴斯泰洛齊（J. H. Pestalozzi, 1746-1827）

　　瑞士的教育家和教育改革家。裴斯泰洛齊一生遭遇無數的挫折與失敗，但始終奉獻於教育，其和盧梭、福祿貝爾等三人，對近代教育思想的建立功不可沒。裴斯泰洛齊一生堅信教育可以改變個人生活，教育不應限於富裕家庭子弟，相當堅持與實踐平民教育的精神，而贏得「國民教育先驅」之名。

UNIT 4-10
德國 Herbart 的教育科學理論及四段教學法

一、Herbart 的教育思想

德國的哲學家兼教育學家赫爾巴特（Johann Friedrich Herbart, 1776-1841）乃第一位以科學為基礎，把「教育」當成一門「學問」來探討與研究，並對教學方法發表獨特見解而普遍引起教育界的重視，因而獲得「**教育學的奠基者**」之稱。

Herbart 認為教育目的，在培養豐富知識與富有道德的人。他非常注重兒童興趣的陶冶，認為大腦理解知識係在兒童已知的知識基礎之上，因此強調語言教學一定要兒童對其感興趣時才能進行。而對於一般學校長久以來，一直以記憶教學為主而忽略教育和道德價值，而感到憂心忡忡。

二、Herbart 的教育科學理論

Herbart 認為要改進傳統教學的缺失，則教學必須建立在「**倫理學**」和「**心理學**」的基礎之上；因為倫理學可以決定教學的目標與方向，心理學則提供具體的**教學方法**，有正確的方向、目標與快速的方法，則教學活動自然順暢無阻。

其次，教育環境論的主張，去除難以獲得科學驗證的神祕的官能說。Herbart 認為人際關係的自然和諧，將左右豐富的心靈，更能促進倫理和諧與自然知識之獲得，甚至提升教學活動的效果，此種說法似乎有濃厚的教育環境論思維。

三、Herbart 思想對教學啟示

(一)教學須依據科學方法與原則

Herbart 非常重視教學方法，他認為教育沒有系統化理論，缺乏學理依據，教學僅憑「經驗談」，則容易導致教學與學習效果的不彰。他曾提出「明晰」、「聯合」、「系統」、「方法」等四個階段的系統化教學方法，強調教學必須有方法、有層次、按部就班、循序漸進，不可好高騖遠，且須根據科學的原則（林玉体，2005）。

(二)新知識須以舊經驗為基礎

此即 Herbart 的「統覺論」（theory of apperception），教師必須善用「排列」以促進學生的舊經驗與新知識之間的緊密連結，協助學生了解新、舊教材之間的「**相似性**」、「**相反性**」以作為知識類化的基礎，則學生自然能建立系統化、組織化的知識，教學的效率與效能自然也能水漲船高。

(三)強調興趣對教學與學習的重要

Herbart 認為學生的興趣並非天生即擁有的，興趣乃須後天培養的。教師應妥善的將新、舊知識進行排列組合或類化（即統覺作用），以有效協助學生形成清晰明確的知識概念，並提供學生培養多方面的興趣，則學生自然能獲得廣博的知識。

Herbart 的
教育科學理論

「倫理學」	「心理學」	主張
的教學基礎	的教學基礎	教育環境論

Herbart
思想對教
學的啟示

教學須依據科學方法與原則

新知識須以舊經驗為基礎

強調興趣對教學與學習的重要

哲學家的簡介

赫爾巴特（Johann Friedrich Herbart, 1776-1841）

　　十九世紀德國哲學家、心理學家，科學教育學的奠基者。赫爾巴特天生即多才多藝，不但具有數學、語言和哲學方面的天賦，更是一位天才的音樂家和文學家，其畢生致力消除「**心理學的海市蜃樓**」，而贏得「**教育學的奠基者**」之稱。

UNIT **4-11**
提出實用主義的美國現代教育之父 Dewey

一、Dewey 思想的重要性

Dewey 是美國的「實用主義」（pragmatism）哲學思想家，他不但是二十世紀教育發言之人，更是奠基美國式教育理論的先鋒，被尊稱為美國的「現代教育之父」，其教育思想深深地影響美國，及二十世紀全世界的教育。

Dewey 曾說，教育即是兒童現在的生活過程，教育並非為將來的生活預做準備而已，生活就是發展過程，不斷的發展，不斷的生長，就是生活。因此，最好的教育方式就是從生活中學習，從經驗中學習。

二、Dewey 的教育思想

(一)教育即生長

Dewey 認為教育即兒童經驗不斷「**重組**」（reorganization）與「**改造**」（reconstruction）的過程（Dewey, 1916）。教育唯有不斷地重組與改造，才能使知識歷久彌新。

(二)從做中學

Dewey 主張「從做中學」係對二十世紀初美國傳統學校教育的不滿與反動。他強烈抨擊傳統教學已遠離兒童的學習經驗，成為記憶和考試的被動學習場所，而非兒童生活化、活動化與趣味化的小型社會生活場所。

(三)兒童是教育的中心

Dewey 與美國進步主義教育之父帕克（Francis Parker）皆認為兒童是教育的中心，教育的目的在改變以教師為中心及灌輸形式化知識的傳統學校教育。教學不能僅以達到教學目的為目的，應兼顧學生身、心、靈的整體發展和滿足學生的能力、經驗、興趣與需求。

(四)教育本身即是目的

Dewey 曾抨擊 Spencer 的「完全生活預備說」，非常反對教育存有任何外在之目的，認為只有人、父母和教師才有目的；他認為「教育無外在目的，教育本身就是目的，即是一種歷程，教育歷程即是教育目的。」

(五)我們如何思維

Dewey 認為一個好的教學，必須能有效喚起兒童的思維。何謂「思維」呢？即明智的「**學習方法**」或教學過程中明智的「**經驗方法**」。如果沒有思維，即無法產生任何有意義的經驗。因此，教師在教學上，必須要儘可能地提供各種可以引起思維的經驗情境或條件，以有效喚起或刺激學生的思維。

至於教師應如何引導學生進行思維呢？通常可分成下列五個步驟：

1. 提出問題或情境
2. 確定問題是什麼
3. 提出解決問題的策略
4. 決定解決問題的策略
5. 驗證或修改解決問題的策略

這五個步驟的順序並非固定不變，仍可因應實際教學情況彈性調整，直到發現解決問題的策略為止。

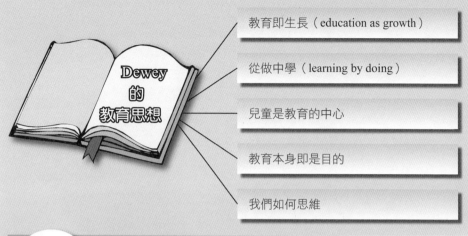

教育即生長（education as growth）

從做中學（learning by doing）

兒童是教育的中心

教育本身即是目的

我們如何思維

Dewey 的教育思想

我們如何思維

1　‧提出問題或情境

2　‧確定問題是什麼

3　‧提出解決問題的策略

4　‧決定解決問題的策略

5　‧驗證或修改解決問題的策略

約翰‧杜威（John Dewey, 1859-1952）

　　美國哲學家兼教育家，也是二十世紀民主教育的奠基者。Dewey 與皮爾斯（Charles Peirce）、詹姆斯（William James）等人被公認為美國「實用主義哲學」的重要代表人物。Dewey 擔任過美國心理學聯合會、美國哲學協會、美國大學教授聯合會主席。主張「從做中學」，反對傳統的灌輸和機械訓練的教育方法。

哲學家的簡介

第 **5** 章

有效的教學方法與技術

● 章節體系架構 ▼

　　教師若要將其所知傳授給學生，必須使用某些適當的教學方法，否則無法達成目的。教學方法運用的良窳，關係整個教學的成敗。西方學者曾告訴我們：「我聽了，但我忘了！」（What I hear I forget）「我看到了，但我記得！」（What I see I remember）「我做了，我知道！」（What I do I know）換言之，教師不能僅使用一種教學方法，應妥善運用各種多元及適性化的教學方法，才能有效達成教學任務，以協助學生進行高效能的學習。

UNIT 5-1
啟發式教學法強調由內而外引出 (1)

一、啟發式教學法是什麼

　　啟發式教學法係教師提出探究問題，引導學生以內在的理性思維去思考與認識問題、了解事實或分析關係，而發展有組織、有系統的知識概念。換言之，啟發式教學法係以教師為主，引導學生針對問題主動進行思考，以協助學生獲得系統性的知識與概念。

　　至聖先師孔子曾說：「學而不思，則罔。」若教師只重視外在形式的教學，而未深入引導學生內在的思考，則學生茫然而無所獲；若學生只思索而未深入學習，則可能學的疲憊而無所獲。孔子亦曾說：「不憤不啟，不悱不發。」意即教師應掌握教學先機，啟發學生的思維，當學生苦思未通，而未適時進行引導與啟發時，則教師可能徒費心力而學生可能亦無所獲。

二、啟發式教學法的目的

　　啟發式教學法的目的，重視學生們內在層面問題的思考與學習，以達「觸類旁通」、「舉一反三」、「隨機應變」的程度，如此才能逐漸增加或累積學生的知識與經驗，並讓思想更為彈性與靈活。

三、Herbart 的四段教學法

　　德國教育學家赫爾巴特，最先提出啟發式教學方法（林玉体，2005），並將其共分成四個階段，大致仍依循理性直線模式，茲分別說明如下：

(一)明晰（clearness）

　　係指教師不但提供學生學習之教材，並應以清晰明白的方式呈現，如使用教具、媒體、故事等，使學生易於了解與吸收，及清楚明確地掌握教材內容。

(二)聯合（association）

　　係指教師於教學初始階段，應儘可能讓學生充分地自由表達並產生聯想，以喚起學生相關的舊經驗，並促成學生對新教材和舊經驗之間的類化與學習。

(三)系統（system）

　　係指教師讓學生了解新教材與舊經驗之間的聯合關係後，將其當作吸收更新知識或概念的基礎，並進一步教導學生將新舊系統加以統合，以形成一致性的知識系統。

(四)方法（method）

　　係指教師協助學生將其所獲得的知識概念或經驗，經由反思與實踐歷程，有效地實踐與應用於日常生活之中。

四、Herbart 的五段教學法

　　五段教學法係由 Herbart 的學生齊勒（Tuiskon Ziller, 1817-1883）修改而成（林玉体，2005），經過修改後的五段教學法，比四段啟發式教學法更詳細而具體。Ziller 首先將「明晰」分成「準備」與「提示」兩部分，以「比較」取代「聯合」，將「系統」變為「概括」，並把「方法」改為「應用」等，說明如下：

図解教學原理與設計

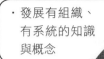

・發展有組織、有系統的知識與概念

・教師提出探究的問題

・思考與認識問題、了解事實或分析關係

・引導學生內在理性思維

發展　提問

思考與認識　引導

舉一反三

觸類旁通

隨機應變

啟發式教學法之目的

Herbart 的四段教學法

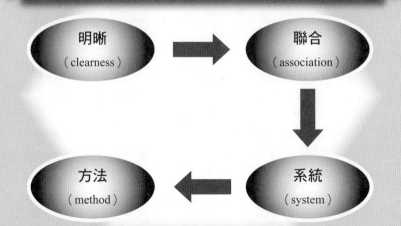

明晰 (clearness) → 聯合 (association)

方法 (method) ← 系統 (system)

UNIT 5-2
啟發式教學法強調由內而外引出 (2)

(一)準備（preparation）

準備階段之目的，即在於「引起學生的動機」和「決定教學目的」。教師於教學初始階段，以簡答或談話方式，激發學生求知的好奇心，喚起學生的舊知識或經驗，以為學習新教材而準備。

(二)提示（presentation）

即教師將事先準備好的教材內容，以描述、列舉事例等方式呈現給學生，或讓學生充分運用感官進行仔細的觀察。

(三)比較（comparison and abstraction）

係指教師以問答法和討論的方法，將預先提示的教材加以分析和說明，以協助學生了解或找出新、舊教材或經驗之間相同和相異之點。

(四)概括（generalization）

係指協助或引導學生將分析、比較之結果做次序的安排，以形成系統化的概念或原理、原則。

(五)應用（application）

係指學生將其所習得的概念或知識，應用於實際生活與解決問題中，一方面熟練所學，另一方面驗證知識是否正確。

由此可知，上述這五種的教學方法，仍屬於理性直線模式，即前一個階段的教學方法完成後，再接著進行下一個階段的教學方法。

五、優點與限制

(一)優點

啟發式教學法的優點，在於避免學生只被動地接受教師的知識灌輸，重視開展學生的理性、潛能和解決問題的能力，其優點包括三方面：

1. 教師事前預先準備教材內容，比較能夠完整呈現教材且不易遺漏重要的內容。
2. 清楚明確的教學步驟與流程，相當有利於教師循序漸進、按部就班地進行教學。
3. 重視學生內在思考啟發，利於學生養成邏輯的思考習慣與態度。

(二)限制

赫爾巴特提出啟發式教學法，讓不知如何進行教學的教師如獲至寶（林玉體，2005）。然而，教師若要靈活運用啟發式教學法，仍須先了解其限制，方能運用自如及獲得更佳教學效果。

1. 教學以教師為中心，教學並以認知教材為重心。教學方法與步驟缺乏彈性，易流於固定化、形式化。
2. 學生居於被動角色，忽略學生情意培養及其他興趣之需求，無法養成學生自動自發的精神。
3. 僅適用於比較複雜原則之教學，而不適用於淺易知識的說明。
4. 容易顧此失彼，只重視教師「如何教」，忽略學生「如何學」。

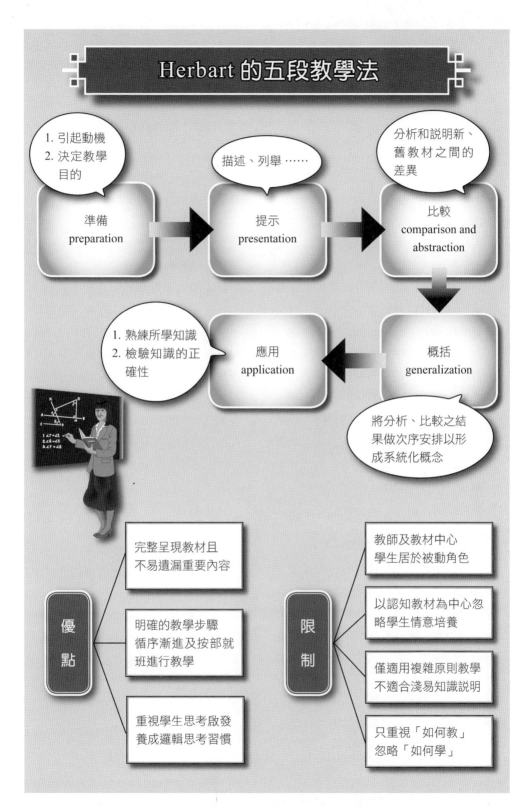

Herbart 的五段教學法

1. 引起動機
2. 決定教學目的

描述、列舉……

分析和説明新、舊教材之間的差異

準備
preparation

提示
presentation

比較
comparison and
abstraction

1. 熟練所學知識
2. 檢驗知識的正確性

應用
application

概括
generalization

將分析、比較之結果做次序安排以形成系統化概念

優點

完整呈現教材且不易遺漏重要內容

明確的教學步驟循序漸進及按部就班進行教學

重視學生思考啟發養成邏輯思考習慣

限制

教師及教材中心學生居於被動角色

以認知教材為中心忽略學生情意培養

僅適用複雜原則教學不適合淺易知識説明

只重視「如何教」忽略「如何學」

UNIT **5-3**
創造思考教學非天馬行空或憑空幻想 (1)

一、何謂創造思考教學

創造思考教學（creative thinking teaching）係指教師運用獨創、新奇之策略，指導學生進行創新的思考，以實現教學與學習之需求，並發展學生的創造力或想像力的教學。創造思考教學法鼓勵教師因時、因地制宜，彈性變化及靈活調整其教學方式，引導學生推理，啟發學生創造的動機或驅力，以培養其流暢、變通、獨創與精密的創造思考能力。

而「天馬行空」、「憑空幻想」並非創造思考的真正表現。真正的創造力應具有「與眾不同」、「推陳出新」、「精益求精」等表現。因此，創造思考教學法其本質是思考與解決問題的取向，其基礎係源自於教師累積多年的豐富的教學知識與經驗；基本上，教師可融合傳統與另類的教學方法，交互彈性運用之。

二、創造思考教學的重要性

教師應非知識的傳聲筒，學生更非知識的接收者或容器。創造思考教學之目的即在培養學生彈性、靈活、主動地動腦思考的習慣。有創意的學生，往往不會墨守成規，不按常理出牌，且突發奇想並提出千奇百怪的問題，並時常難倒老師且令老師不知所措。而這些具有創造思考能力且超乎想像能力的學生，雖然時常製造各種教學問題而令老師頭痛萬分，但往往卻是國家未來競爭力的重要人力資源。

三、創造思考教學的步驟

簡紅珠（1996）指出，創造思考教學的步驟，通常包括下列五個步驟：

1. **選擇適當的問題**：即選擇一些足以激發學生強烈的創造思考的問題。如語文領域的文字接龍，一戰成名→名滿天下→下筆如神→神威顯赫……。

2. **組成腦力激盪小組**：小組人數至少 5 至 6 人，以 10 至 12 人最為理想，並選出一位有經驗者擔任主持人。

3. **說明應遵守的規則**：如不批評、不偏激、不帶偏見、不預設立場，以激發自由開放的思想，及與眾不同的想法且愈多愈好。

4. **進行創造思考活動**：指導學生運用六W、腦力激盪法、DeBono 的六帽思考法、矛盾法、差異辨別法等思考問題，儘量地想與做，並能提出新奇、怪異的不同想法。

5. **評估構想**：即指導學生使用分析與收斂性的思考，選出有價值的或最適當的構想。

不過，上述五個步驟僅提供教師實施創造思考教學的一個基本步驟，並非必須一成不變地完全依樣畫葫蘆，教師仍可依據教學的實際情況彈性調整因應，以創造出更令人意想不到的教學效果。

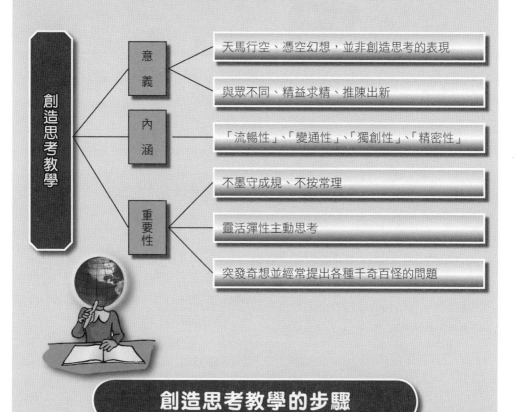

創造思考教學

意義
- 天馬行空、憑空幻想，並非創造思考的表現
- 與眾不同、精益求精、推陳出新

內涵
- 「流暢性」、「變通性」、「獨創性」、「精密性」

重要性
- 不墨守成規、不按常理
- 靈活彈性主動思考
- 突發奇想並經常提出各種千奇百怪的問題

創造思考教學的步驟

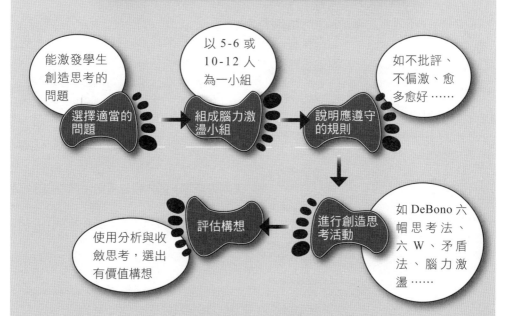

選擇適當的問題
能激發學生創造思考的問題

組成腦力激盪小組
以 5-6 或 10-12 人為一小組

說明應遵守的規則
如不批評、不偏激、愈多愈好……

進行創造思考活動
如 DeBono 六帽思考法、六 W、矛盾法、腦力激盪……

評估構想
使用分析與收斂思考，選出有價值構想

UNIT **5-4**
創造思考教學非天馬行空或憑空幻想 (2)

四、創造思考教學的方法

茲將創造思考教學法，說明如下：

(一) 六 W 思考法

六 W 討論法係指針對問題、辦法或策略，以六個不同的角度，來討論其正當性、合理性、可行性；在積極面，可擴大辦法或策略的效用，在消極面，指出缺點所在。其六個角度包括 Why？What？Who？When？Where？How？等。例如，為什麼要種樹？要種什麼樣的樹？誰來種？何時種比較適當？要種在哪裡？如何種呢？等。

(二) 腦力激盪法

「三個臭皮匠，勝過一個諸葛亮」。腦力激盪即利用集體思考方式，使思想相互激盪，發生連鎖反應，以引導出創造性思考的方法。腦力激盪通常以 6 至 18 人組成為宜，是一種協助思考與解決問題的團體討論策略，主要特色是「由量取質」、「延宕批判」，討論過程不對任何想法做批評。

1. 腦力激盪法的三大原則

(1) 不批評及不帶偏見，以跳脫框限及暢所欲言。

(2) 海闊天空，異想天開，想法愈奇特愈佳。

(3) 不離主題，自由聯想，愈多愈好。

2. 腦力激盪法的方法

(1) 定義：描述或指出它像什麼？是什麼？

(2) 修改：如何將它修正為 ……？

(3) 擴大：能增加什麼使它改變？

(4) 縮小：可以刪除哪些部分，將它變小、變短 ……？

(5) 替代：是否還有其他可替代的方案或改變用途？

(6) 重組：將各部分交換，或改變因果關係。

(7) 反轉：即從反面思考或演出相反的角色。

(8) 聯合：指將各部分聯合或將目標合併。

(9) 變形：改變形式或將它 ……，甚至結合其他策略。

3. 矛盾法：針對討論問題或事實，提出「似是而非」或「似非而是」的矛盾觀點進行思考；例如「認真讀書一定會賺大錢嗎？」「書中自有黃金屋？」「書中自有顏如玉嗎？」等問題。

4. 差異辨別法：即針對討論之問題或事實，指出其缺失或比較兩者之間的差異性並進行思辨；例如「電腦和人腦有什麼不同？」「太陽和月亮有哪裡不一樣？」「男生跟女生有什麼不同？」「台灣和美國的飲食文化有什麼不同？」等方面之問題。

5. DeBono 的六帽思考法：係以白、紅、黑、黃、綠、藍等六種不同顏色，分別代表六種不同思考方向。當戴上某顏色帽子時，即扮演此顏色的思考者，並以此方向進行思考，盡其可能地暢所欲言，及運用創意提出各種巧思。

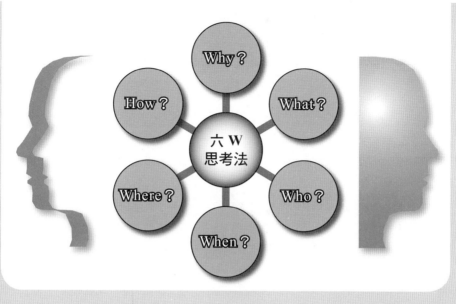

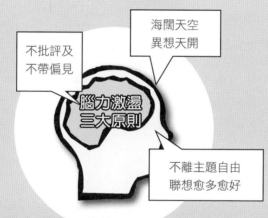

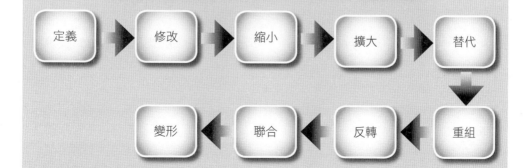

UNIT **5-5**
創造思考教學非天馬行空或憑空幻想 (3)

(1) 白帽（white hat）——資料：代表思考中的證據、量化數字和資訊等各種呈現事實的相關訊息，如尼克隊在本季賽贏了幾場賽？林書豪對小牛個人獨得幾分？

(2) 紅帽（red hat）——情感：代表思考中的情感、感覺、預感和直覺等部分。如面對美國牛肉進口事件，國人的情緒反應為何？

(3) 黑帽（black hat）——批判：代表思考小心謹慎的情況，判斷是否與證據相符。如此策略是否可行或符合實際情況？此方法是否有效或安全？

(4) 黃帽（yellow hat）——理性：代表思考中占優勢的問題，利益所在或可取之處。如為何這件事可行？為何是一件好事？

(5) 綠帽（green hat）——創意：代表思考中的探索、提案、建議、新觀念。如還有沒有其他或不同的看法？

(6) 藍帽（blue hat）——決定：代表對思考本身的思考（行中思），以控制或制定整個思維過程，並決定下一步對策。

五、如何培養學生創造思考能力

創造思考並非無中生有，乃高層次心智表現，除需有相關知識基礎，亦應配合若干教學策略，才能有效提升學生的創造思考能力：

1. **外在獎勵**：以外在的獎勵制度，提升學生創造內在動機，激勵學生自動自發閱讀，以獲取各種知識。

2. **腦力激盪**：引導學生針對矛盾、衝突、疑惑或不確定性之問題，進行腦力激盪與擴散式思考，以尋找各種不同想法或方法以解決問題。

3. **滿足好奇心**：了解學生創造方面的需求，製造各種新奇、特殊的環境，以滿足學生創造思考的好奇心。

4. **整合資訊**：運用分析、歸納方法，引導學生整合各種資訊之能力。

5. **對話與討論**：安排學生之間或教師與學生對話、討論互動之機會，以交換及激盪彼此不同看法與想法。

6. **尊重與接納**：當學生有與眾不同的意見或答案時，應尊重與接納。

六、創造思考教學的優點與限制

實施創造思考教學，應發揮其優點並減少其限制，以發揮教學效果：

(一)優點

1. 有助學生高層次認知思考的培養。

2. 有助學生培養另類解決問題的思考與能力。

3. 提供開放學習環境和學習空間，讓學生暢所欲言，相互腦力激盪。

(二)限制

1. 並非單純的擴散性思考教學而已。

2. 須耗費比較多的教學時間，因而教學進度不易掌握。

3. 教師須受專業訓練，否則難以活用創造思考的教學方法。

4. 創造思考教學強調自由發揮，擴散性思考，沒有標準答案，缺乏客觀標準，因而其評量實施不易。

DeBono 的六帽思考法

白帽（white hat） ——代表「資料」	黃帽（yellow hat） ——代表「理性」
紅帽（red hat） ——代表「情感」	綠帽（green hat） ——代表「創意」
黑帽（black hat） ——代表「批判」	藍帽（blue hat） ——代表「決定」

如何培養學生的創造思考能力

外在獎勵	腦力激盪	滿足好奇心	整合資訊	對話與討論	尊重與接納
指老師或家長可提供口頭的讚美或物質的獎勵，以促進學生思考的動機或意願	提出矛盾、衝突、疑惑、對立或不確定問題	製造新穎或特殊的環境	運用分析、歸納的方法，將各種資訊加以統整，以找出其中的因果關係	包括「師－學生」或「學生－學生」之間	滿足學生的內在心理需求，使學生願意主動分享其思考或想法

UNIT **5-6**
慎思明辨的批判思考教學法

一、何謂批判思考教學法

　　批判思考教學法，源自於蘇格拉底的詰問法，主要目的在教導學生對外在事物，做正確合理的「**價值判斷**」，並為個人、公共事務形成「**明智的決定**」。

　　教師應經常對習以為常或習焉不察的事物，進行質疑、推理、思辨、反思與判斷，以探討其中隱藏的偏頗、錯誤或迷思，使學生成為獨立自主思考與判斷的個體。例如對於「誇大其辭」、「危言聳聽」、「違背常理」、「譁眾取寵」、「情緒語言」、「爭議性」等情形，引導學生思考其邏輯、合理、可信等層面，以形成正確的價值判斷。

　　一般而言，經驗主義者比較重視批判思考的高度結構思考訓練；在批判思考教學中，通常教師居於引導角色，學生居於主動的地位。批判思考是不可能在真空（vacuum）狀態下產生，其實施必須植基於學生日常生活的經驗，以反映日常生活亟需解決之問題與作為適應未來社會之準備。

二、批判思考的重要性

　　批判思考（critical thinking）乃個人的內心對於事物之合理性、可信度進行反思的心理歷程，面對多元文化社會之發展，教學不應停留於知識的傳輸而已，教師更應主動引導學生針對不合理之現狀或事物進行慎思明辨，則學生才不致成為人云亦云，且無獨立批判思考能力之人。

　　亞里斯多德曾說：「吾愛吾師，吾更愛真理。」雖然其經常與老師柏拉圖對哲學的看法有所出入，但卻因此而與蘇格拉底同列希臘三哲人。任何教學活動實施之目的，即在追求真理知識，即不應隱含偏狹的意識型態，教師與學生應立足於平等關係，不該存有「上－下」宰制關係，才能啟發學生理性反省的批判思考能力，促進學生自我不斷地思考、成長與發展。

三、批判思考教學的步驟

　　批判思考教學具有扭轉傳統教師以傳授知識、技能為主的教學型態，在教學過程中教師除應營造適合學生的學習情境脈絡外，在引導學生進行批判思考時，並應遵循以下五個步驟：

1. **澄清價值**：即釐清學習內容（即教材）是否具有進行批判思考的意義與價值。

2. **澄清三個向度**：即批判思考的邏輯、規準、實用等向度。

3. **呈現五個概念**：即明確呈現了解、判斷陳述、檢視假設、原理、原則等五個批判思考概念。

4. **進行論證**：即檢視教學內容的術語和辨別問題及教學內容。

5. **評量與反思**：即檢視批判思考教學的學習或訓練的效果。

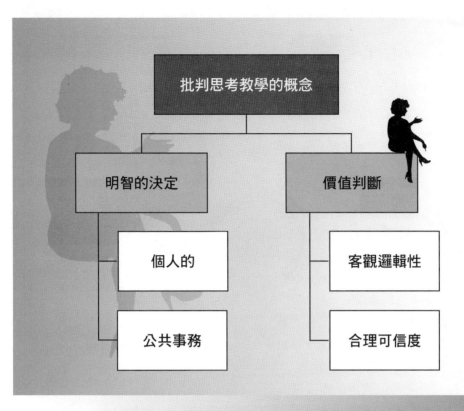

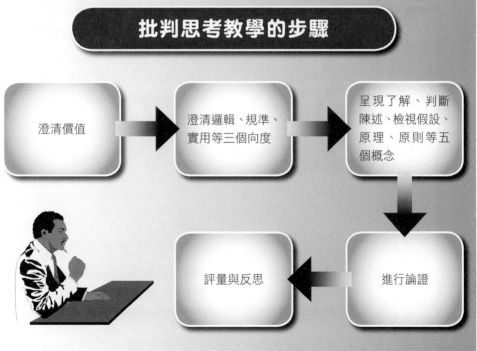

UNIT 5-7
有效解決問題的探究式教學法

一、何謂探究教學

「沒有問題，即無探究（inquiry）的可能。」生活中存在的事物不見得皆合真理，當指導學生了解事實真相或探究知識時，即希望窮追猛打，探查究竟、追根究底，以查個水落石出。

探究教學法係由學生主動尋求解決問題的過程，教師引導學生針對存在事物之合理性，主動進行深入的探索，以發現問題的矛盾、衝突或不合理之處，並提出假設及選擇適合之方案，以進行驗證及獲得結果。

而此引導學生進行思考與探究過程，足以增進學生**了解與發現問題，促進學習遷移，保留學習效果**，以**解決問題**或**產生新概念**的教學法，即為探究教學法（inquiry teaching）。

美國學者布魯納（J. S. Bruner）提出發現式教學法，而使得探究式教學法也一併受到重視，Bruner 認為求知僅是過程，並非最終的結果；教學目的不只為增加或累積知識，而在於協助學生「**如何思考求知**」和「**為何要求知**」，以「**為自己而學**」之目的。

二、探究教學法的種類

探究式教學強調以學生的探究活動為主，約可分成二種，說明如下：

(一)指導式探究

即教師教導學生「**學習如何學習**」。**教師居於教學中心**，主動提出問題、組織學習材料，促進學生反應及思考；**學生則位於被動角色**，針對教師提出之問題，進行發現、類推或推演，而此似乎與上述 5-1 的啟發式教學法有雷同之處。

(二)非指導探究

指學生**位於學習中心**，能「**主動學習**」，進行發現問題、蒐集與整理資料，並解決問題；而**教師則扮演被動的角色**，賦予學生責任以形成問題、進行探究或類推並提出結論。

三、探究式教學的步驟

大致而言，探究式教學的步驟，仍以理性直線模式，依序呈現各個階段以引導學生進行問題的探究。

其可分成五個步驟，包括：(1) 呈現問題；(2) 提出假設；(3) 選擇策略；(4) 驗證與分析；(5) 提出結論等。至於其詳細的工作內容，如右圖所示。

四、探究式教學的優缺點

探究式教學法的優點，包括：(1) 因嘗試錯誤而產生新的理解與啟發；(2) 有效培養學生主動學習的態度與精神；(3) 有助學生對於知識、概念或原理原則學習的儲存、記憶與回憶。

有關探究式教學法的缺點，包括：(1) 學生先備知識少或年紀太小，則須提供更多的訊息或資料；(2) 因教師提問、學生發問、分析與整理等，而比較需要較長的時間。

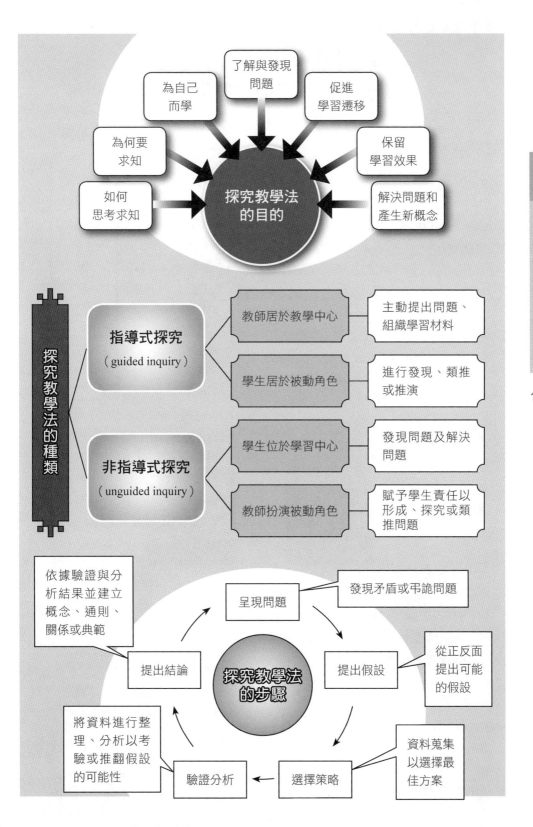

UNIT **5-8**
提升高層次思考的問題解決教學法

一、問題解決教學法的概念

　　杜威（J. Dewey）於 1933 年在《思維術》（*How We Think*）中，指出解決問題的五個主要步驟，包括「發現問題或困難」→「確定問題的性質」→「提出可能的解決方案」（假設）→「選擇合理的解決方案」→「驗證及結論」，開啟現今探討「問題解決」之門。

　　問題解決教學法（problem solving teaching）係指教師或學生提出困難或矛盾的問題，運用系統化的步驟，指導學生發現問題、蒐集資料、思考問題，以循序解決問題的一種教學方法；其與一般教學所使用的一問一答之的「問答法」並不相同。

　　問題解決屬於較高層次思考與學習，其可增加對相關問題的理解力和記憶力，培養學生學習如何獨立思考、發展策略、邏輯思考及增加歸納和演繹的能力。

二、問題解決教學法的重要性

　　人類學習無論出於好奇、需求或興趣，皆起源於心中待解決的問題。我們不可能永遠在學生身旁，解決所有的問題，因而須培養學生自己主動解決問題的知識、技能、習慣與態度。

　　解決問題以獲得答案，乃是學習的態度與過程；某些人很會解決各種問題，卻不見得有創意；有的人雖很有創意，卻不見得善於解決問題，如何取得平衡，則須慎思熟慮。

三、問題解決教學法的步驟

　　問題解決教學法分為「演繹型」與「歸納型」等兩類。分別說明如下：

(一)歸納型

　　指引導學生蒐集資料，並進行分析、比較與綜合，歸納原理過程。其提出問題的歸納過程，包括：(1) 提出問題；(2) 分析問題；(3) 蒐集資料；(4) 整理資料；(5) 總括結論。這五個步驟所進行的工作，詳如右圖說明。

(二)演繹型

　　指將獲得結論或原理，應用於各種特殊情況，以解決各種類似的疑難問題。其提出問題演繹的步驟如下：

1. **提出問題**：由教師或學生提出所要練習或解決的問題。
2. **界定問題**：引導學生釐清問題的概念，認清解決問題的本質是什麼。
3. **設定目標**：指導學生設定問題解決的預期目標，以了解預期達成的目標及作為未來評鑑績效的參考依據。
4. **發展方案**：引導學生嘗試各種可能的途徑，如「借重經驗」、「嘗試錯誤」、「洞察」、「腦力激盪」等，以發展出解決問題的構想或途徑。
5. **選擇方案**：引導學生衡量各種方案的利弊得失，並選擇最佳方案。
6. **實施方案**：即將所選擇最佳方案，付諸實施。
7. **驗證結果**：檢視選出的方案，能否解決問題，若未能達成預期結果，則需重新思考其他可行方案。

圖解教學原理與設計

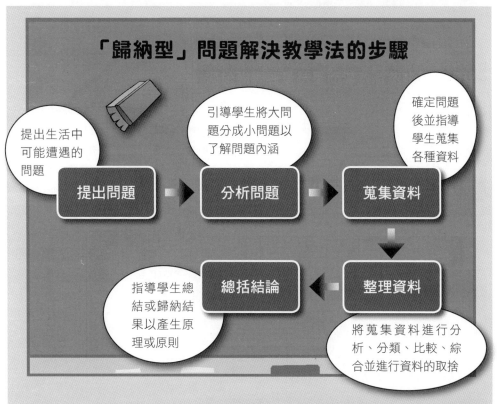

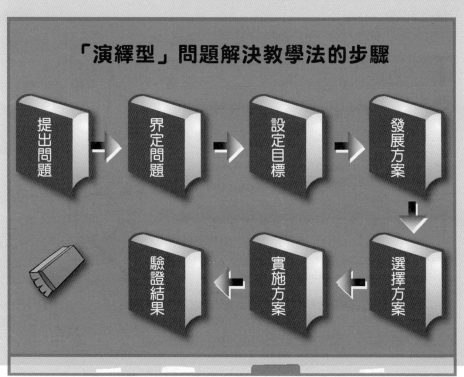

UNIT **5-9**
促進將心比心及設身處地的角色扮演法

一、角色扮演的意義

角色扮演（role playing）係指教師以真實故事或問題情境，引導學生討論生活中各種不同的角色，再嘗試以設身處地，進行扮演、模擬或體會不同角色的心境或行為，以引導學生考慮問題或探究事理，增進學生的覺察、認識與體會，並產生價值關聯的情感和同理心。

角色扮演期望使學生對角色或事物產生同理心與認同感，並能以「同理心」、「尊重」和「價值關聯」的情感，抒發兒童心中意念或情感，導引正向的價值觀。透過角色扮演，充分經驗或意識各種角色或價值的差異，再次建構其合理的價值觀，抒發或宣洩個人情緒，更能滿足學生好奇心，發展想像與創造力的潛能，促進學生同儕之間建立互助合作的友善關係。

二、角色扮演的重要性

角色扮演和社會劇（sociodrama）皆源自 1920 年由心理學家莫雷諾（J. D. Moreno）所創立的「心理劇」（psychodrama），經過修正和變更而成為在輔導領域的一種有效的團體輔導技術。

教學實施不應只停留於認知、技能知識領域的追求，情意層面陶冶取向的教學更不可或缺。角色扮演具有了解行為本質、發展擬情能力、認清社會文化規範、澄清個人價值體系、促進情感交流、增進學習效果的多重價值（金樹人，1990）。

三、實施程序

教師進行角色扮演時，仍須依既定實施程序或步驟，茲說明如下：

1. **暖身**：先進行暖身，製造接納氛圍，說明問題並讓學生了解問題。
2. **分組**：將學生依實際情況與需求進行同質或異質分組。
3. **編劇**：討論和編擬劇情，提供學生學習對象及省思的機會。
4. **表演**：即引發學生角色取替、角色反射及角色模仿的演出。
5. **討論**：讓所有學生針對表演內容提出看法，教師則在旁引導討論。
6. **再扮演**：讓學生依據討論內容，再次嘗試演出，重複再扮演。
7. **再討論與分享**：即讓學生再次思考解決問題的方法，並分享問題情境與日常生活的關聯性。

四、角色扮演的方法

角色扮演大致分成「即興式」、「預演式」和「布偶劇」等三種。而角色扮演的方法相當地多，教師可使用的方法，包括「手玩偶」、「問題故事」、「魔術商店」、「空椅術」、「倒轉術」、「再重演」、「鏡中人」等（林進材，2000）。

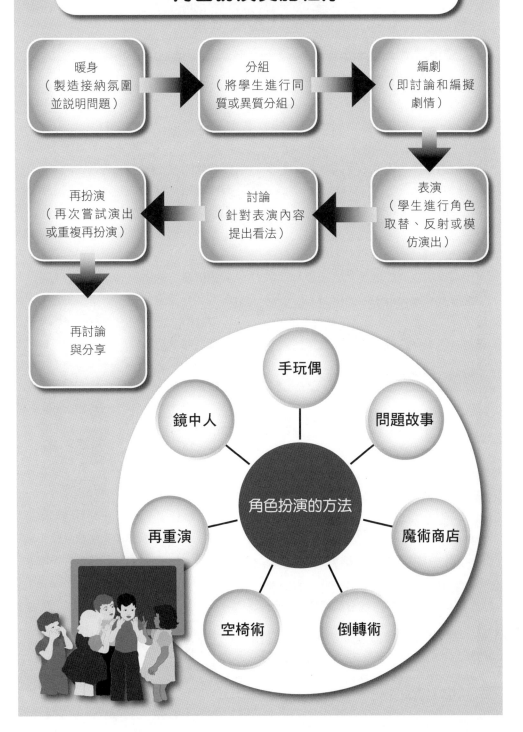

角色扮演實施程序

暖身
（製造接納氛圍
並說明問題）

分組
（將學生進行同
質或異質分組）

編劇
（即討論和編擬
劇情）

再扮演
（再次嘗試演出
或重複再扮演）

討論
（針對表演內容
提出看法）

表演
（學生進行角色
取替、反射或模
仿演出）

再討論
與分享

角色扮演的方法

手玩偶

問題故事

鏡中人

魔術商店

再重演

倒轉術

空椅術

UNIT **5-10**
覺察內在衝突與矛盾的價值澄清法

一、價值澄清法是什麼

　　價值澄清法係指教師經由選擇、珍視和行動的過程，教導學生慎思熟慮的思考技巧，並引導學生對自己和他人的信念、情感及行為做自我分析和反省，以建立自己的價值觀或實踐行動。由雷斯（L. Raths）、哈明（M. Harmin）和西蒙（S. B. Simon）等三人所提倡。

　　基本上，人無法輕易接受他人的價值觀念，概念或價值的形成，係由自己自由選擇與認同的結果，如果學生本身缺乏自我教導行為，教師再努力用心引導或耳提面命，效果仍是有限的。其次，任何人所選擇的價值是中立的，他人不能以其他的標準任意批評之，如同教師亦不能任意批評學生的意見（吳清山、林天祐，2003）。

　　價值澄清目的在引導學生透過自由選擇、審慎評估、重視選擇、珍視選擇、公開選擇、選擇行動和重複實行等過程，協助學生覺察自己和他人的價值觀，重視自己的生活經驗，以發展正確的價值觀或實踐行動。

　　在民主多元社會中，每個人皆存在矛盾、衝突與對立的價值情感。價值澄清即協助學生覺察自身價值，提供分析思考與價值判斷的機會，避免流於人云亦云的現象。

二、價值澄清實施程序

　　實施價值澄清法的程序，可分四個階段（歐用生，1988），說明如下：

1. **了解期**：以敘述方式，如主題、實徵、解釋、定義和澄清等，讓學生了解學習的概念及有關的學習資源。

2. **關聯期**：協助學生將了解期所學的概念和資料，與正在學習的主題和理念產生連結，並進一步澄清，為評價期做準備。

3. **評價期**：透過敘述方式，如喜好、結果、效標、義務、情緒等，讓學生的價值和情感表現出來。

4. **反省期**：鼓勵學生反省他們經驗過的價值或情感，使學生覺知其如何了解、如何思考、評價和感覺等。

三、價值澄清的技巧

1. **書寫活動**：讓學生以紙筆來填寫一些問題，以澄清學生的思考，最容易發展使用且不具威脅性。

2. **自由選擇**：教師提供學生選擇的機會和權力，只有當學生考慮自己的選擇和評價其後果時，他們才真正地發展自己的價值觀，擺脫冷漠、輕浮、盲從與固執，在充滿混淆與衝突的社會裡掌握適當的生活態度。

3. **角色扮演**：目的在引導學生感受與領悟相關價值，學生扮演的角色可來自於班級內活動或實際生活情境，並讓學生討論扮演角色的感受。

價值澄清實施程序

關聯期

・以敘述方式
・了解學習概念

・產生連結
・進一步澄清

了解期

反省期

・以敘述方式
・表現價值和
　情感

・覺知如何了解、
　如何思考、評
　價和感覺

評價期

價值澄清的技巧

書寫活動

（以紙筆來填寫一
些問題以澄清學生
的思考）

自由選擇

（提供學生選擇的
機會和權力）

角色扮演

（透過角色扮演以
引導學生感受與領
悟相關價值）

UNIT **5-11**
引導實踐與經驗的體驗學習法

一、體驗學習是什麼

缺乏體驗的學習是抽象的，而缺乏學習的體驗則是空泛的（歐用生，2006）。**體驗學習**（experiential learning）乃兼具感官訓練和思考訓練的教學活動，其係從活動開始，讓學生進行直接的經驗學習，強調先行而後知，而主動形成經驗或知識的過程。學生在教學中主動、直接參與活動，並共同建構、重組與改造而形成的新經驗、知識或概念。

教育即生長，教育即經驗不斷重組與改造的歷程（Dewey, 1916）。學生參與體驗生產性活動（productive activity）過程，感受學習的樂趣與經驗，則學習是渾然忘我的，並能有效激發學生的學習與思考。

教師的教學和學生的生活經驗相結合，乃許多學者共同的主張。教學並非知識的填鴨與灌輸，學生亦非填充知識的容器。教師在教學歷程中，提供學生多元與豐富的機會，讓學生親身參與、體驗、實踐與省思，與掌握「如何」（How）與「什麼」（What）是同樣重要的。

二、體驗學習的重要性

(一)提供有意義的學習經驗或概念

Eisner（2002）指出，想像是飛行的通行證；透過實地的參與體驗，激發學生的創造力與想像空間，這樣的教學對學生而言，才是有意義的。

(二)產生具體的理解

體驗學習提供學生具體的直接參與、接觸體驗，以建構知識、獲得技能和提升自我價值的歷程，其所追求的乃是個體如何理解其所產生具體的行為，而非依據量化行為去描述表面的相互作用或建立的因果關係（Pinar, Reynolds, Slattery & Taubman, 1995）。

(三)彰顯個體學習的主體性

Aoki（1988）指出，個體的認知、思維和行動，源自於其認為他自己是誰。知識建構的過程中，主體存在意義的彰顯，是相當重要的。體驗學習強調以學生為主體、為中心，學生經由主體意識以直接或間接體驗及與環境互動中，主動發現經驗生活世界的規則性、邏輯性，而非只被動地、間接地接受來自教師所概念化的生活世界。

三、體驗學習的模式

高比（David Kolb）於1984年提出以「親身體驗」（concrete experience）、「觀察反省」（reflective observation）、「概念摘要」（abstract conceptualization）、「積極嘗試」（active experimentation）等四個階段的學習體驗模式，其係先從舊有的經驗開始；其次，進行資料蒐集，接著再觀察相關的經驗；最後，最後提出結論並進行回饋及改變行為。

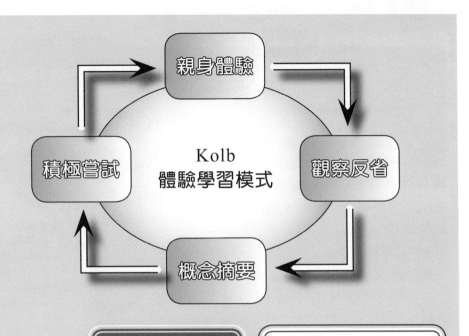

親身體驗 （risk or conditions）	讓學生親身處理某些事件、人物或情況以親身感受自己的觀察或覺察能力
觀察反省 （What just happened? What did we do?）	蒐集與整理所觀察或感覺的任何經驗、想法或其他資料
概念摘要 （How? What it? So How? So What?）	1. 從親身體驗和觀察反省中領悟共通和分歧的原因為何 2. 從已知的概念或知識尋覓相關類似的體驗
積極嘗試 （If…then? 或 Now what?）	將初步獲得結論、新知識或臆測等進行實際的檢測，以理解新行為的意義或感覺

Kolb
體驗學習模式內涵

UNIT **5-12**
突破單打獨鬥教學型態的協同教學 (1)

圖解教學原理與設計

一、協同教學是什麼

協同教學（team teaching）具有突破傳統「**教師中心**」、「**單打獨鬥**」、「**班級國王**」的另類教學型態，其係以「**教學團隊**」（teaching team）或教師群的型態來實施教學，經由教師間以平等、民主對話與互助合作，及共同參與、分享、建構知識與經驗。

協同教學可依據教師專長，進行專業的組合與分工，採取彈性多元化策略調整因應，比較能因應教學實際需求。在協同教學過程中，教師之間難免因個人認知或信念而產生衝突，然而經由理性的對話、溝通與反省，以「**異中求同**」或「**同中求異**」，產生既競爭又合作的良性互動關係，無形之中也隱藏另類的教學反思。

長久以來，在傳統教室中「**教師講，學生聽**」或「**講光抄、背多分**」乃大家熟知的教學常態，無怪乎教學經常被視為最「孤立」和「孤單」的專業之一。而協同教學即有別於傳統個人的、孤立的教學型態。

九年一貫課程實施的理念，非常強調跨領域的知識統整，也鼓勵教師組成教學團隊，突破過去教師孤立的教學型態，以「專業團隊」、「互助合作」的方式進行教學。雖然此種突破傳統的教學典範，對大部分教師而言，幾乎是不可

能的任務，但對新世紀的教學而言，無疑注入另一股新的源泉與活水。

二、協同教學的特性

協同教學係具有教師之間高度合作，及共同面對學生進行實質教學事務的規劃與執行特性的一種教學組織型態，其特性至少包括如下：

1. 由兩位或兩位以上教師一同實施教學，有別於傳統個別或單一教師實施教學的型態。
2. 打破班級單位之界線，而以班群方式進行教學規劃與實施。
3. 採取教階式組織，共同分享目標、參與決策、相互合作、平衡角色位置。
4. 多樣化與彈性化的學生、時間、分組或空間的教學配置。

三、協同教學有哪些形式

至於在進行協同教學時大約有哪些形式呢？通常協同教學進行方式是多元化的，其大致可分成下列幾種形式：

(一) 分站式教學（station instruction）

分站式教學係指二個以上之教師，依照自己的專長，分別選定擔任一個站或班進行教學，而這幾個教師通常必須調整為同一個教學時段，才能實施。其通常有兩種形式，第一種結合數個學科或領域；第二，將一個主題分成橫跨數個領域。

異中求同
同中求異

平等、民主對
話與互助合作

突破單打獨鬥
的教學型態

教學群或教師
團隊實施教學

協同教學
法之內涵

共同參與、
分享、建構
知識與經驗

二位以上教
師一同實施
教學

協同教學
法之特性

多樣化與彈
性化的教學
配置

打破班級單位
界線之班群

採取教階式
組織

UNIT **5-13**
突破單打獨鬥教學型態的協同教學 (2)

(二)分組式教學（regrouping instruction）

通常依照主題或學科之需要，並按學生能力之高低分成若干組別，每位教師分別選擇一組進行教學；屬於高階知識的數理或英文領域之教學，進行分組式教學時，有利於教師進行加深或加廣的適性化教學。

(三)大班式教學（large class instruction）

大班式教學係指將兩個以上之班級集中，以一個老師為主另一個或其他為輔之方式進行團體教學，此種方式通常比較需要有大型的教室空間，比較適合以演講或示範方式傳遞某些理論或概念。

(四)合作式教學（collaborative instruction）

合作式教學係指將一般的教學分成幾個部分或段落，並分別由數位教師分別擔任其中部分之教學，如將教學分成講解提綱、教學實施、教學評量和摘要總結等。

(五)轉動式教學（rotation instruction）

轉動式教學係將教學分成一般性教學與特殊性教學，每位教師皆只上課程的某一部分，而學生則輪流至這兩個教室中上課。此種教學方式，通常應用在具有特殊資源班或實驗室需求的教學。

協同教學由許多不同教學人員所組成，通常成員並不僅限教師而已，其他諸如學校主任、社區家長、實習教師、教師助理也可成為教學的成員。

四、小結

協同教學具有解構傳統單打獨鬥的教學形式，在平等民主互動下進行教學對話、溝通與反思，能使教學更豐富、多元與生活化，可以統整學科知識，具有發揮教師的專長、潛能之功能及採用多樣化形式的特色。但仍有其潛在的限制，諸如不易組成教學團隊、沒有大容量教學空間、教師固著僵化的教學意識型態、行政或家長的支持與否等問題。

然而，高效能教師仍應勇於接受與嘗試挑戰過去習以為常的單一教學型態。雖然教師之間進行的教學整合需耗費相當多的時間，甚至浮現能否兼顧教學內容的完整性與連貫性等問題；但面臨未來複雜多變之社會，運用跨領域整合之概念以解決各種問題乃時勢所趨，而此對高效能教師而言，也並非難以解決之問題。

協同教學的形式

分站式教學
（station instruction）

二位以上教師，依專長分別擔任一站或班進行教學

分成結合數個學科或領域與將一個主題分成橫跨數個領域等二種形式

分組式教學
（regrouping instruction）

依照主題、學科需要並按學生能力高低分成若干組

屬於高階知識領域有利於進行加深或加廣的教學

大班式教學
（large class instruction）

將兩個以上班級集中以一個老師為主另一個為輔進行團體教學

比較適合以演講或示範方式傳遞某些理論或概念

合作式教學
（collaborative instruction）

將教學分成幾個段落並由幾位教師分別擔任其中部分之教學

如將教學分成講解提綱、教學實施、教學評量和摘要總結等

轉動式教學
（rotation instruction）

將教學分成一般性教學與特殊性教學

每位教師只上某一部分課程而學生則輪流至這兩個教室中上課

UNIT **5-14**
有效促進學生群性的合作學習教學法 (1)

一、合作學習是什麼

合作學習（cooperative learning）在於善用學生互助合作的能力，以促進每位學生的學習效果，並增進學生的社會技巧之學習。合作學習乃一種系統化、結構化的學習模式，其進行係以學生能力、性別或族群為基礎，將學生分配到同質或異質的小組，鼓勵小組成員彼此協助、相互支持、共同合作、榮辱與共、資源分享並善用溝通技巧，以達到更佳的學習效果（林進材，2000）。

教學不只教師單向講述，也在增進學生群己關係及孕育溫馨與正向的學習氛圍。合作學習乃傳統教學的另一種變通方式，不但有助於發展平等、正向、積極的族群關係，更能有效增進學生的自尊心與學習成就感。

教師實施合作學習時，應兼重學生個人努力與團隊之表現，學生除必須摒棄個人本位主義的學習及對自己的學習績效負責外，亦須對小組其他成員的學習績效負責，讓每位小組成員都能盡一份心力，並有成功及有效的學習機會。

合作學習的教學運作方式，主要以結構式的同儕互動與溝通方式，來提升學生的認知、情意及社交技巧的發展，藉以引起學生的學習動機，滿足個人之學習目標，提升獨立思考與判斷的態度和能力，並兼顧心理與社會的需求。

二、合作學習的教學型態

通常合作學習之教學型態，主要可分為三種形式，包括個別的、競爭的、和合作的等三種方式：

(一)個別學習（individualistic learning）

係指學生依照自己的學習進度來達成學習目標，與其他學習者並無相關。

(二)競爭學習（competitive learning）

係指學生的學習成果會與其他學習者相互競爭，並藉由評鑑優劣的結果，以刺激學生的學習動機。

(三)合作學習（cooperative learning）

係指學生與學生之間彼此互助合作，個人分享學習成果，也促進小組成員的學習成果。

由此可知，合作學習法之目的，即希望發揮「一加一大於二」的學習成效。教師在合作學習的教學模式中，應扮演主動積極協助的角色，教學之前應該明確說明教學目標及所安排的活動或作業，運用傳統與藝術之教學方法進行適性化的教學引導，針對教學目標擬定有效教學策略，將學生分成同質（homogeneous）或異質（heterogeneous）之組別以進行合作教學，隨時評鑑小組或個別學生的學習情況。

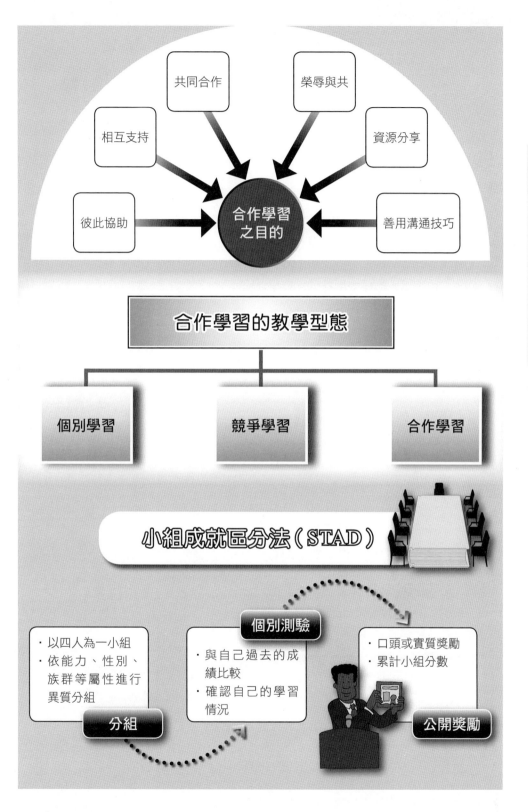

UNIT **5-15**
有效促進學生群性的合作學習教學法 (2)

三、合作學習之教學模式

　　合作學習的形式非常多，大致可分成以下九種（黃政傑、林佩璇，1996；Lindblad, 1994；Slavin, 1999）：

(一)小組成就區分法（**student's team achievement division, STAD**）

　　分組分式係以四人為一小組，依學生的能力、性別、族群等屬性進行異質分組。教學時教師先呈現教學內容，並確認學生是否了解；實施個別測驗，與自己過去的成績進行比較，及確認自己的學習情況，並進行公開獎勵或累積小組分數。

(二)小組遊戲競賽法（**team-game-tournament, TGT**）

　　此法類似小組成就區分法，只是將測驗改為小組與小組之間的競賽。

(三)小組協力教學法或小組加速學習法（**team assisted instruction or team accelerated instruction, TAI**）

　　此法亦類似小組成就區分法，不同之處在於由小組成員彼此相互檢查作業或測驗，由各小組掌握組員的進步情況。

(四)合作統整閱讀寫作法（**cooperative integrated reading and composition, CIRC**）

　　即將學生進行異質分組，並以兩人一對的方式，相互進行學習。

(五)拼圖法（**jigsaw**）

　　係指將教材分成幾個不同部分，每個小組成員皆分配蒐集不同部分之資料，透過合作方式完成小組作業。

(六)拼圖法第二代（**jigsaw II**）

　　如同拼圖法，其差異在於最後階段，需要進行個別測驗，並算出小組之總成績。

(七)共同學習法（**learning together, LT**）

　　將學生以 4 至 6 人組成一個小組，就單一作業或測驗，進行共同的學習。

(八)協同合作（**Co-op Co-op**）

　　係指將學生分成兩人一組，學生輪流當輔助教師，並相互訂正答案，以提供一對一的、即時的回饋。

(九)小組調查法（**group-investigation, G-I**）

　　請各小組以某個專題或問題，進行小組研究或獨立學習，並完成小組的專題研究報告或作品。

　　因此，合作學習的教學模式，不但應兼顧認知、技能等領域之學習，更在喚起學生情意領域之學習；高效能教師應扮演促進者角色，有效掌握合作學習教學模式要領，提供一個完整的、分享的教學結構，以創造積極互賴的學習環境；並適時提供與增強回饋，協助小組完成任務，有效促進監控和評量，並妥善運用教學中反思，及進行小組評鑑，以有效提升學生的學習效能。

小組遊戲競賽法（TGT）

分組
・以四人為一小組
・依能力、性別、族群等屬性進行異質分組

組別競賽
・小組與小組之間的競賽

公開獎勵
・口頭或實質獎勵
・累計小組分數

小組協力教學法或小組加速學習法（TAI）

分組
・以四人為一小組
・依能力、性別、族群等屬性進行異質分組

小組互檢
・小組成員彼此相互檢查作業或測驗
・各小組掌握組員的進步情況

公開獎勵
・口頭或實質獎勵
・累計小組分數

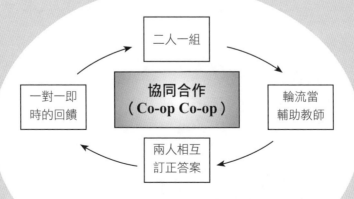

協同合作（Co-op Co-op）

二人一組

輪流當輔助教師

兩人相互訂正答案

一對一即時的回饋

第 6 章

不斷澄清
教學評量的迷思

　　教學評量如同一面鏡子，可反映教師的「教學」效果，了解學生「學習」的成效。而教學評量扮演教學回饋的中介歷程，乃建立「教」與「學」之間密不可分的相互依存關係。因此，教師實施教學評量對學生而言，可以了解學生的學習情況，協助學生建立有意義的學習，增進學生對學科的理解；對教師而言，可以衡量教學成果和評估學生的學習結果，更是改進教學和學習的參考。

UNIT **6-1**
釐清測驗、測量與評量的意義

一、測驗是什麼

　　教師經常必須使用各種類型的測驗，對學生進行學習結果的檢測。通常測驗也常因使用目的之不同，而有許多不同的形式，如性向測驗、成就測驗、能力測驗或人格測驗等。

　　Murphy 和 Davidshofer（1998）指出，測驗即測量工具。「測驗」即採用一套標準化的刺激，針對個人的特質或學習結果進行客觀或系統化的測量。測驗乃一種測量學生獲得多少知識或技能之工具（陳英豪、吳裕益，1992）。

　　因此，測驗可視為教師以標準化的刺激、工具或手段，其目的則在了解學生學習結果或教學效果的歷程。

二、測量是什麼

　　而測量（measurement）又是什麼呢？其與測驗之差異為何？郭生玉（2004）指出，所謂測量，即是指根據測量工具，使用數字描述個人特質的歷程。

　　由此可知，測量即根據某種標準化的量尺，用數字描述個人的特質，以了解個人某種特質的數量或情形。一般而言，測驗發生於前，測量進行於後；換言之，測量的概念包含了測驗（郭生玉，1990）。

　　通常「測量」是屬於「量的描述」（陳英豪、吳裕益，1992）。換言之，測量即將測驗結果數字化，以了解受試者對問題理解程度為何的歷程。

三、評量是什麼

　　至於評量（assessment），即指蒐集、綜合、解釋學生學習資料，以做各種教學決定的歷程（郭生玉，2004）。「評量」係根據科學方法，事先預定的某種標準，對所測得的數量進行**綜合判斷及解釋**，相較於測驗或測量而言，即多了一項「評」的工作。評量被視為不需使用測量來蒐集資料的鑑定方法之集合名詞，比較屬於「量的描述」與「質的描述」（陳英豪、吳裕益，1992）。

　　評量不僅蒐集資料或解釋資料而已，還涉及更廣泛的「決定」及「價值判斷」歷程。因此，有關教學評量內容，通常包括針對學生的認知、技能與情意等三層面之學習情況或結果作評估、衡量、決定或判斷，含有主觀的評價成分。

四、小結

　　這三者對教師實施教學評量而言，皆非常重要；三者各有不同屬性與目的，也存在許多的形式，教師若能了解與掌握三者之意義，並應用於教學實施歷程，必能有效提升教學的效果。

測驗、測量與評量三者的意義

測驗
1. 測驗即測量工具
2. 以標準化刺激進行客觀或系統化的測量

測量
1. 以標準化量尺及使用數字描述個人的特質
2. 「測量」是屬於「量的描述」

評量
1. 蒐集、綜合、解釋學生學習資料以做各種教學決定的歷程
2. 屬於「量」與「質」的描述

小博士的解說

教學評量的迷思概念

　　通常一般的學生或家長，若未完全了解評量的真正意義，及評量結果所代表的意義，僅強調其所呈現的片面資料，例如成績高低、排名次序等結果，則不當的評量觀念，可能造成教學與學習不當的影響，如「考試領導教學」、「標籤作用」、「升學主義」、「智育主義」等。所以，不管家長、教師或一般社會大眾等，皆有必要進一步澄清教學評量的迷思概念，以避免未蒙其利而先受其害。

我國教育家簡介

○ 蔡元培（1868-1940）

　　蔡元培乃浙江紹興縣人，字鶴卿，又字仲申、民友、子民，曾任我國的第一任中央研究院院長，首任教育總長，1916 年至1927 年曾任北京大學校長。其思想與觀念，諸如倡導自由思想反對僵化與呆板，提倡白話文及支持新文化運動，重視科學研究與民主思潮等，對我國教育發展有相當重要影響，因而在我國教育發展史上占有相當重要的一席之地。

UNIT **6-2**
區分測驗、測量與評量的差異

一、前言

　　教師檢測學生學習的結果，乃教學過程中，相當重要且不可或缺的一環。然而，一般教師經常對「測驗」（test）、「測量」（measurement）與「評量」（assessment）等三個概念，卻非常容易混為一談。

　　陳英豪、吳裕益（1992）指出，測驗、測量與評量三個名詞容易混淆，在教室課堂中我們常將「評量」視為「測驗」、「測量」的同義詞，而互換使用。其實，此三者之概念，彼此之間不但有很大的差異性，也存有部分的包容性。

二、測驗、測量與評量的差異

　　基本上，大部分學生皆會刻意加強學習教師要測驗的內容，因此教師應對三者有正確的理解與認識，釐清三者之關係，不至於因偏好某一種取向而誤導學生的學習方向。茲將「測驗」、「測量」與「評量」等三者之差異性，分別說明如下：

1. 「測驗」、「測量」與「評量」等三者，分別指「測量或評量的工具」、「量的描述」和「質的描述」。

2. 「測驗」、「測量」與「評量」等三者之間具有包容關係。一般而言，「評量」比「測量」之涵義較廣且深入。通常「測量」即指使用科學標準化工具，將測驗結果以數字呈現，以衡量或檢測結果，屬於客觀之成分；而測驗則屬於檢測的工具。因此，「測驗」涵蓋於「測量」之中，而「測量」則涵蓋於「評量」之中。

3. 測驗比較能測得簡單具體的數字部分，但卻容易忽視複雜與深層的知識層面；因此，要改變學生學習最快的方法，即在於改變評量方式，不要過於強調數字或量化資料，應兼顧質性的觀察與描述。

4. 測驗與測量相對而言，測驗容易誤導教師僅作記憶性知識之教學，學生則易流於毫無意義的機械式背誦學習，而容易產生「考試引導教學」之問題。

　　綜而言之，教師若能完全理解三者之差異，自然不會有誤用之虞。評量強調知識的理解、統整、應用與思考，尋找知識背後的原理、原則與關係；然而，並非所有的教學皆能如此順利進行，學生要能毫無困難地理解、統整、應用與思考，仍需教師耗費相當心思，慎思熟慮進行教學設計，方以致之。

測驗、測量與評量三者的差異

| 分別指「測量或評量的工具」、「量的描述」和「質的描述」 | 「測驗」、「測量」與「評量」等三者之間具有包容關係 | 測驗比較能測得簡單具體的數字部分,卻容易忽視複雜的知識層面 | 測驗容易僅作記憶性知識之教學而學生易流於毫無意義的機械式背誦學習 |

測驗、測量與評量的包容關係

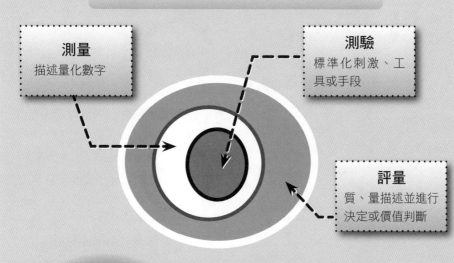

測量
描述量化數字

測驗
標準化刺激、工具或手段

評量
質、量描述並進行決定或價值判斷

我國教育家簡介

胡適(1891-1962)

　　胡適字適之,安徽績溪上庄村人。曾擔任國立北京大學校長,提倡文學革命而成為新文化運動的領袖之一。胡適畢生宣揚自由主義,提倡懷疑主義,倡導「大膽的假設,小心的求證」的治學方法。此外,其興趣非常廣泛,著作相當豐富,思想深受美國Dewey之影響,在史學、文學、哲學、教育學、倫理學和紅學等領域,皆有涉略與研究。

UNIT 6-3
有效澄清實施教學評量的目的

一、教學評量之目的

教師實施教學評量之目的，大致包括了解、診斷、判斷與回饋等方面，茲分述如下：

(一)了解

一般教師在教學初始階段，通常會使用「**安置性評量**」（placement assessment），以了解學生在教學前已具有的先備知識為何，即了解學生學習的起點行為，以作為教師教學實施的參考依據。

在教學過程中，則可運用「**形成性評量**」（formative assessment），以了解學生的學習情況。至於教學結束前或最後階段，則可以利用「**總結性評量**」（summative assessment），以了解學生的學習成效為何。

因此，了解各階段教學評量的不同任務屬性或目的，則必能將教學評量效果最大化。

(二)診斷

教師於各階段的教學歷程中，也可使用「**診斷性評量**」（diagnostic assessment），以診斷學生的學習障礙或困難之處。教學初，了解學生已具有的先備知識之情況；教學中，診斷學生的學習困難之處；教學後，發現學生的學習問題等。

(三)判斷

教師根據各種教學評量結果，判斷

學生的學習情況、學習障礙、學習困擾等問題，可作為教師改進教學之依據，修正命題技巧，選擇適性化教材，以決定是否進行複習、重新教學或實施補救教學。

(四)回饋

教學評量所提供的訊息可作為教師教學的「回饋－校正」系統，以判斷教學過程的每一個步驟是否有效，並幫助學生了解學習情況及成效為何。換言之，即提供教師教學回饋，評估教師的教學成果，並作為教師教學改進及學生學習輔導依據。

二、如何澄清教學評量

(一)教學評量在於激發學習潛能

教育部（2005）指出：「……成績評量旨在了解學生學習情形，激發學生多元潛能，促進學生適性發展，肯定個別學習成就，並作為教師教學改進及學生學習輔導之依據。」

(二)重新詮釋教學評量的概念

過去的教學評量多側重在正確測量學生的**學習成就、分類與排名**，而現在則更關心**如何運用評量來促進學習**（江文慈，2007）。現在則應減少學生之間的評比，肯定個別學習成就，重視學生個別的自我比較，以有效促進學生的學習效果。

(三)提升教師實施教學評量能力

系統化地安排教師參加各種教學評量進修研習的機會，增進教師的專業知能，以有效釐清迷思概念。

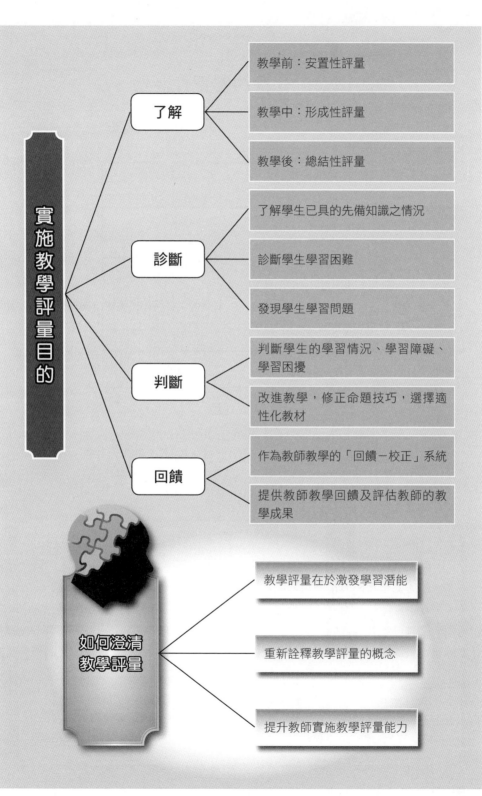

實施教學評量目的

了解
- 教學前：安置性評量
- 教學中：形成性評量
- 教學後：總結性評量

診斷
- 了解學生已具的先備知識之情況
- 診斷學生學習困難
- 發現學生學習問題

判斷
- 判斷學生的學習情況、學習障礙、學習困擾
- 改進教學，修正命題技巧，選擇適性化教材

回饋
- 作為教師教學的「回饋－校正」系統
- 提供教師教學回饋及評估教師的教學成果

如何澄清教學評量
- 教學評量在於激發學習潛能
- 重新詮釋教學評量的概念
- 提升教師實施教學評量能力

UNIT **6-4**
強調探索與分析的安置性評量

一、實施安置性評量的目的

教學前實施安置性評量之目的，在於探索與分析學生學習前應具有的知識、能力之準備度與學習後最大發展的可能性。

教學前實施安置性評量的情況，包括：第一，了解學生在教學初已具備的知識、技能、經驗或能力為何；即學生學習「**準備度**」（readiness）層面之問題。其次，了解學生學習可能達成的最大學習表現或「**成熟度**」為何。茲分別說明如下。

二、準備度測驗

教學前若欲了解學生已具備的知識或技能為何，則可實施「準備度測驗」。若學生缺乏相關的知識或技能，則可先進行補救教學工作，以奠定學生的先備知識或能力，使接下來的教學能順利實施，及獲得較佳學習效果。

一般而言，準備度測驗之題目不應太難，屬於**標準參照的精熟測驗**，其結果可以提供教師補救學生所缺乏的起點行為、知識或能力之依據。此外，準備度測驗不只檢測學生內在的知識或技能之能力，也可檢測學生的人際與社會互動的成熟能力；換言之，成熟度之概念即應包含廣義的學生內在的智能、身體和心理等方面的成熟度。

三、安置性測驗

教學前若欲了解學生已具有的知識、技能或學習潛能，則可實施「安置性測驗」（placement tests）。

一般而言，安置性測驗之重點，在於檢測學生必備的起點行為或能力。因此，評量之題目不宜太艱深，題目的範圍應包含較廣，而其評量則應屬於常模參照的測驗；而其結果則可提供教師擬定適當的教學計畫或安置學生至適當的組別或班級。

實施安置性測驗可以決定教學的起點行為，是否須先行複習舊的教材內容？應選擇哪些適當的教材和教學方法？如何將學生進行分組，或將學生安排在特殊或資源班？

四、小結

準備度與安置性測驗，雖有其功能；然而教師並非皆須於每個新單元的教學前實施。教師仍然可因人、因時、因地等制宜，以彈性決定是否實施。

如果教師已非常了解學生過去的知識、經驗、技能，則就不需要實施安置評量；如果對於學生學習某個單元所需具備的基本能力不太明確或是陌生的新單元時，也都不需要實施前測（陳英豪、吳裕益，1992；郭生玉，2004）。

實施安置性評量的目的

了解學生學習的「準備度」

了解學生學習的「成熟度」

安置性評量實施流程圖

安置性評量 → 確定學生學習起點行為

準備度測驗
- 否 → 了解教學前已具備的知識經驗
- 是 → 按預定的進度實施教學

安置性測驗
- 否 → 安置到資源班或特殊班級中
- 是 → 安置到高層次能力的班級中

準備度測驗的目的

了解學生於教學前已具備的「知識」

了解學生於教學前已具備的「技能」

了解學生於教學前已具備的「人際和社會互動」能力

UNIT **6-5**
檢測學生精熟程度的形成性評量

一、形成性評量的功能

形成性評量（formative assessment）是什麼呢？在教學過程中，教師要了解學生哪些學習情況是不錯的，哪些部分的學習需要再加強，則實施形成性評量是不二法門。

形成性評量有效地將教學與評量兩者相互地結合，一方面教師可了解學生的學習是否已達精熟度，或評估是否需要調整教學的方式；另一方面學生亦可藉此了解學習效果或調整其學習方式。

形成性評量屬於標準參照評量，只要告訴學生的學習成效是「精熟」（mastery）或「不精熟」（non mastery）即可，而不評定成績或等第，在幫助學生集中注意力及學習特定知識以達精熟程度。一般教師所使用的隨堂考試（quizes）和單元測驗（unit tests）（陳英豪、吳裕益，1992），皆屬形成性評量實施。

所以，形成性評量具有二個預防性功能，即「**教師如何教得更好？**」和「**學生如何學得更好？**」透過形成性評量讓教師了解哪個部分教得好，學生哪部分學得不足。

二、形成性評量的方式

教師可使用的評量方式很多，茲以「記憶矩陣」和「關聯卡片」說明如下：

(一)記憶矩陣

係分析、組織或歸納知識的一種簡單方法，以協助學生回憶所學的知識或概念。教師以一種方形表格（如 3×3 或 4×4），以欄代表不同的知識，以列代表單元主要的概念或內容。教師實施教學時，可要求學生在每一個細格中填入正確的答案，此方法亦可作為學生自我學習的方法。

(二)關聯卡片

請學生填寫至少一個他們所學知識或概念可實際應用的索引卡片，可幫助學生思考所學習的知識內容，及與日常生活的關聯性。在下次上課時，可讓學生分辨哪一個答案最佳，哪一個答案比較適切，哪一個回答並不適合，此種方法可協助學生找出最佳的實例。

三、實施形成性評量應注意事項

教師實施形成性評量時，必須注意包括四方面，茲說明如下：

1. 形成性評量在於診斷和改進教師的教學，而「**非評定學生的等第**」。

2. 形成性評量屬於「**標準參照評量**」，著重學生是否已達精熟程度或通過某個學習目標。

3. 實施形成性評量在於了解學生學習情形，**不強調學生之間學習結果或能力的比較**。

4. 形成性評量「**具有回饋價值與功能**」。

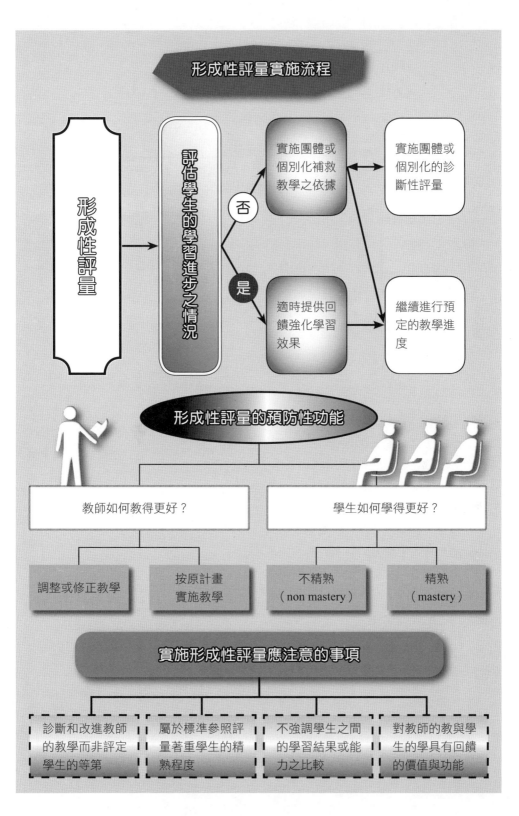

形成性評量實施流程

形成性評量

評估學生的學習進步之情況

否 → 實施團體或個別化補救教學之依據 ↔ 實施團體或個別化的診斷性評量

是 → 適時提供回饋強化學習效果 → 繼續進行預定的教學進度

形成性評量的預防性功能

教師如何教得更好？

學生如何學得更好？

調整或修正教學

按原計畫實施教學

不精熟（non mastery）

精熟（mastery）

實施形成性評量應注意的事項

診斷和改進教師的教學而非評定學生的等第

屬於標準參照評量著重學生的精熟程度

不強調學生之間的學習結果或能力之比較

對教師的教與學生的學具有回饋的價值與功能

UNIT 6-6
找出學生問題癥結的診斷性評量

一、診斷性評量是什麼

當某一些學生的學習問題一而再、再而三持續不斷地發生，且無法以形成性評量所提供的補救教學，來改善或解決問題時，此時即須進一步做綜合性的診斷，以深入分析、探討其學習困難或問題之原因，此即「診斷性評量」（diagnostic assessment）。

形成性評量目的在於提供學生回饋，而診斷性評量則在於確定學習困難之原因為何。換言之，形成性評量類似處理急救方面的問題，對於簡單的學習問題可給予立即性的處理；而診斷性評量，則對屬於嚴重或較困難的問題，深入進行綜合性、全面性的診斷分析，以找出問題的癥結並給予適當處理。

通常實施診斷性評量時，除須有其他專業人員之協助，如醫師、心理師、專家學者、專家教師等，並須輔以其他的診斷工具，如智力測驗、人格測驗、學習態度量表、興趣量表等，才能正確判斷問題的原因；至於診斷性評量的實施時間，則可依據實際情況，選擇在教學中或教學結束後進行。

二、學習障礙或困擾的原因

教師必須了解學生在學習方面的困擾或障礙之因素為何，通常不外乎來自三個方面，分別說明如下：

(一)個人因素

包括智力、自我概念、學習動機等（黃德祥，1995；張春興，1996）。

(二)家庭因素

包括文化資本、教育期望、管教方式、語言差異、家庭環境等（陳奎熹，1982；Coleman, 1997）。

(三)學校方面

如教師期望、管教方式、同儕次級文化、教材內容、教學方法等（盧美貴，1980；于富雲，2001）。

三、診斷性評量須注意事項

一般而言，若診斷性評量在於檢測大多數學生共同的學習錯誤行為為何時，則其評量題目之難度應屬比較低層次之評量，而其評量工具的類型，應屬於辨別學習錯誤的評量。

若在診斷或矯正某些少數、特殊或嚴重的持久性之學習問題時，則須輔以其他的診斷工具，如智力測驗、人格測驗、學習態度量表、興趣量表等，以進一步深入發現問題的癥結，及教師後續實施補救教學工作。

針對學習問題進行綜合性、全面性的診斷

須輔以其他不同的診斷工具

一而再、再而三持續不斷地發生的學習問題

須有其他的專業人員之協助

診斷性評量是什麼

ABC

學習障礙或困擾的原因

個人因素

智力
自我概念
學習動機

家庭因素

文化資本
教育期望
管教方式
語言差異
家庭環境

學校因素

教師期望
管教方式
同儕次級文化
教材內容
教學方法

UNIT **6-7**
判斷教學與學習成效的總結性評量

一、總結性評量是什麼

通常「總結性評量」（summative assessment）係指教師於單元教學活動結束後，對學生最終的學習成果所進行的成就測驗，其目的在確定教學目標是否達成，學生的學習是否已達成精熟程度，並評定學生的學習成績，甚至確定教學方案的有效性。

總結性評量與形成性或診斷性的差異之處，在於偏重預期教學目標達成的程度及其適切性，不強調發現學習困難和改進教學，而注重學生學習的精熟程度和評定學生的成績等級，此乃有別於其他測量法最重要的一種功能。

總結性評量之目的，在於檢測教師的整個教學和學生的學習是否已達成預期目標，基本上教師應知道學生已能做什麼，而非學生不能做什麼，因此總結性評量要能融入教學中，才具有真正的意義。

由此可知，總結性評量屬於教學實施後，教師可直接以各種多元評量的方式，如「紙筆測驗」、「實作評量」、「口頭報告」等檢測學生的「學習成效」，以了解學生學習的精熟程度；而教師亦可間接得知自己的「教學效果」為何或作為調整教學之依據。

二、總結性評量的實施方式

一般教師除可採用教師自編成就測驗來實施總結性評量外，亦可選擇其他多元方式，諸如研究報告、口頭報告、書面報告、論文、圖畫、實作表現等。

在一般學校定期舉行的段考、月考、期中考和期末考，通常皆屬於總結性評量的範圍。總結性評量題目難度的範圍應比較廣泛；而其工具類型應屬於**常模參照**測驗；其結果則以評定學生的等第，證明學生的學習是否達到精熟程度，甚至評估教師的教學成效等；其經常使用的評量工具，諸如教師自編成就測驗、標準化成就測驗、一般測驗等。

三、實施總結性評量應注意事項

當教師實施總結評量時，仍應注意下列幾點事情，方能有效減少因實施總結性評量所帶來的問題：

1. 重視學習過程及適時提供學生學習的回饋，比評定成績更重要。
2. 一般考試或紙筆測驗，也是評量的工具和學習的經驗。
3. 兼顧其他學習成效的評量，如學習動機或學習態度，更能有效提升總結性評量之效果。
4. 避免因為評量，而引起學生同儕之間過度的焦慮和競爭。

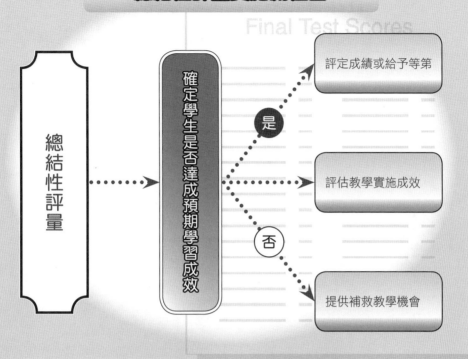

總結性評量實施流程圖

總結性評量 ⟶ 確定學生是否達成預期學習成效

是 ⟶ 評定成績或給予等第

⟶ 評估教學實施成效

否 ⟶ 提供補救教學機會

考試或測驗也是評量的工具和學習的經驗

兼顧其他成效的評量，如學習動機或學習態度

重視學習過程及提供回饋比評定成績更重要

避免因評量而引起過度的焦慮和競爭

總結性評量應注意事項

UNIT **6-8**
一直存有許多爭議的紙筆測驗

一、紙筆測驗是什麼

通常傳統的紙筆測驗（paper-and-pencil test）係教師請學生以閱讀書面試題，並以書寫方式做反應的一種評量工具。

紙筆測驗無疑是教師實施教學評量時，最主要的方法。一般教師經常在平時考、月考、段考、期中考或期末考，使用自編成就測驗，且以傳統紙筆測驗形式居多，以評量學生的「知識」、「理解」、「應用」、「分析」等個層面認知學習成就與能力，由於其具有計分客觀、批閱迅速，且易於團體施測，經常被視為一種最有效率的評量方法。

傳統紙筆測驗通常將課程與教學之內容，簡化成選擇題（multiple choice）、填充題、簡答題（short answer）、申論題（essay）等形式，以測量學生的學習結果。教師或學生經由測驗之評量結果，可以馬上了解教學或學習之成效，激勵學生認知學習，充分發揮客觀、效率、即時、省時、省力、公平等效果。

二、紙筆測驗存在的爭議

由於受到「升學主義」、「智育主義」和「分數主義」之影響，傳統紙筆測驗蔚為風潮，甚至已成為教師評估或診斷學生學習成就的主要與唯一的方式。

其次，近十幾年來，受到教育改革、教育鬆綁與教育自由思潮之影響，及紙筆測驗並無法滿足各領域特性的需求，特別無法測量出學生情意層面的成長與改變，而使多元評量已成為主流，雖也不排斥傳統紙筆測驗，但其已不再是教師了解與分析學生學習情況的唯一評量方式。

大致而言，傳統紙筆測驗所造成的爭議包括如下：

1. 過於強調評量結果，而導致有忽略學習過程之虞。
2. 將課程與教學簡化成部分事實、概念或知識的零碎記憶。
3. 學習情境與測驗情境產生相互背離的情況。
4. 學生容易因紙筆測驗成績不佳或分類排名問題，而有「汙名化」或「標籤化」之虞。
5. 造成學生過度被動、單向學習，而缺乏主動批判思考的能力。
6. 對教師產生「考試領導教學」與「去專業化」的疑慮。

任何測驗皆有其利弊，紙筆測驗也不例外。教師不必矯枉過正或因噎廢食，而拒絕使用紙筆測驗。當教師使用紙筆測驗時，了解這些爭議與限制，事先預防與處理，將效果最大化，問題極小化或避免問題產生，才是最佳的策略。

傳統紙筆測驗的爭議與限制

過於強調評量結果而導致有忽略學習過程之虞

將課程與教學簡化成部分事實、概念或知識的零碎記憶

學習情境與測驗情境產生相互背離的情況

學生容易因紙筆測驗成績不佳或分類排名問題而有「汙名化」或「標籤化」之虞

造成學生過度被動、單向學習而缺乏主動批判思考的能力

對教師產生「考試領導教學」與「去專業化」的疑慮

UNIT **6-9**
開展學生優勢智能的多元評量 (1)

一、多元評量的興起

　　教學評量由於受到多元智能理論發展的影響，及傳統紙筆測驗所產生的問題與限制，和標準化測驗的過度濫用與誤用，而使得學校的教學評量逐漸走向強調適性化、另類的多元評量（alternative assessment）方式。

二、多元評量的方法

　　大致而言，多元評量的方法包括下列幾種，茲將其說明如下：

(一)實作評量（performance assessment）

　　實作評量係有別傳統紙筆測驗的一種變通性評量，學生必須實際表現完成某個作業所需具備的動作技能，並非僅以書面或口語的方式回答問題而已，其評分則相當依賴專業的觀察與判斷。

　　實作評量係植基於知道「做」，並不等於會「做」的理念；「知」與「行」之間是否產生合一，仍須經由實際的操作過程，達到緊密地連結的程度，才能真正學得知識或能力。

　　實作評量通常指學生運用各領域所學習到的知能，經由操作、口頭報告、表演等方式，實際進行並完成某項特定的工作，以達成學習能力指標要求，並樂於與大家分享的評量方式。

　　實作評量具有適時反應學生個別差異之特性，比較強調學生在真實情境中所表現的知識或能力，重視學生高層次思考與問題解決的能力；不僅重視最後結果的呈現，也強調獲得學習的歷程。

(二)真實評量（authentic assessment）

　　真實評量係指學生在實際的生活情境脈絡中，接受測驗以了解學生統整、應用或理解知識或技能程度的評量方式。真實評量乃實作評量的延伸，即學生將課堂所學，透過實作練習之後，將知識加以統整，並內化為個人的認知結構，並能在真實的情境中自然地表達出來。

　　真實評量強調學習與思考的方法，特別是高層次的思考技巧與解決問題策略，其所評量的問題須具有重要性，能讓學生統整其所獲得的知識、技能或行為習慣，實際應用於日常生活之中，而非評量一些零碎的認知或記憶的知識，或複製他人片段的知識而已。

　　因此，真實評量乃評量學生本人知識使用的情形，評量的內容只是方法而非目的。此外，在實施的實務方面，真實評量乃教學歷程中的一部分，並無特定的時間、地點、方式與內容等之限制，著重受評量者實際的回饋、理解、解釋、表現與詢問，其與課程教學乃具有相輔相成的關係。

圖解教學原理與設計

多元評量的方法

- 實作評量
- 真實評量
- 檔案評量
- 動態評量

實作評量的理念與內涵

- 「知道做」≠「會做」

- 以實際操作、口頭報告、實作表演等方式

- 適時反應學生個別差異之特性

- 強調學生在真實情境中所表現的知識或能力

- 重視學生高層次思考與問題解決的能力

- 不僅重視最後結果呈現也強調獲得學習的歷程

UNIT 6-10
開展學生優勢智能的多元評量 (2)

(三)檔案評量（portfolio assessment）

茲將檔案評量的相關概念，分析說明如下：

1. **檔案評量乃整合「實作評量」與「真實性評量」**：檔案評量主張師生在真實學習情境中共同合作進行評量。其次，強調教師經由長期持續不斷蒐集學生學習過程作品，以集結或整理成冊而建立檔案，而這些作品係學生實際參與製作或表現之結果。

2. **了解學生不同階段的成長與發展**：檔案評量目的在於從不同時期，不同作品中，了解學生目前的學習表現情況及進步情形，以推論正在發展的能力。因此，重視學生正向、積極、鼓勵和最佳表現的評量。

3. **檔案評量強調兼具過程與結果**：其優點具有促進師生良性互動關係，讓學生清楚了解自己的優缺點與進步情況，促進學生高層次的思考能力與激發學生的創造力。不過，其缺點則是費時、費力及花錢，評分標準不易客觀，老師執行意願亦可能不高，不宜作為唯一的評量方式（張麗麗，1998）。

4. **檔案評量的內容相當豐富且多元**：舉凡標準化測驗成績、平時成績、一般作業或作品、學習活動照片、錄影帶、軼事紀錄、感言、口語錄音帶和獎狀等，皆是其內容或來源。

(四)動態評量（dynamic assessment）

茲將動態評量的相關概念，分析說明如下：

1. **動態評量植基 Vygotsky「近側發展區」（ZPD）和「鷹架學習」等理論**：實施動態評量的理念，強調學生「能力是可塑的」，以企圖發現改進認知功能的方法。教師於教學前必須先了解學生已具有的先備知識與經驗，並配合有效的、適當的教學策略，才能使學生認知發展達到最大化的效果。

2. **動態評量相對於傳統靜態評量取向**：動態評量係另一種新的訊息蒐集取向，焦點在於彙整學生學習過程的訊息，而非靜態地評量學生某單一時間點的學習成果。

3. **動態評量結合教學和評量兩者之功能**：動態評量並非評量學生在活動中的表現，其係結合教學和評量兩方面的功能，採取「測驗→中介→測驗」的形式，既著重學習歷程，亦兼顧學習結果的一種另類評量方法。

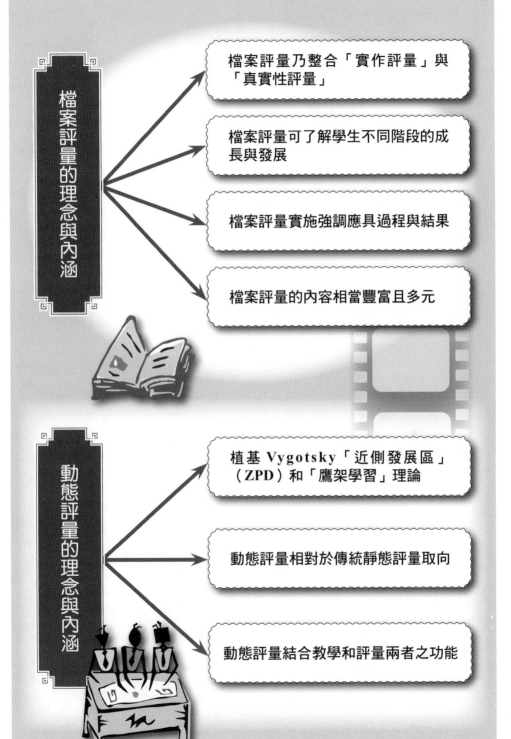

檔案評量的理念與內涵

- 檔案評量乃整合「實作評量」與「真實性評量」
- 檔案評量可了解學生不同階段的成長與發展
- 檔案評量實施強調應具過程與結果
- 檔案評量的內容相當豐富且多元

動態評量的理念與內涵

- 植基 Vygotsky「近側發展區」（ZPD）和「鷹架學習」理論
- 動態評量相對於傳統靜態評量取向
- 動態評量結合教學和評量兩者之功能

UNIT **6-11**
掌握良好教學評量的條件

一、良好教學評量的條件

教師常因不同需要或目的，而經常自編各種學習成就測驗，以測量學生的學習成就表現。郭生玉（2004）指出，編製一個品質良好的教師自編測驗（teacher-made test），必須掌握實施要領。換言之，要編製一份品質良好的評量或測驗，則需要掌握某些重要基本條件或要領，不但相當重要且並非簡單容易之事。

二、如何掌握良好教學評量品質

教師要掌握良好測驗品質，大致有以下幾方面，茲將其分述如下：

(一)確定評量或測驗的目的

教學和評量皆需有明確的意圖、方向與目的，才不至於失去方向而茫然無緒。教師自編成就測驗時，常因教學目的之差異而有不同；在編製或選擇測驗時，可能也常因評量目的之差異，其題型、內容、範圍、難易度等自然有所不同。

因此，當教師於編製評量或測驗時，必須先確定測驗的目的，除有明確依循的方向與目標外，所編製的評量或試題內容，也才能符合實際需求。

(二)設計與使用雙向細目表

教師根據教學目標和教材內容等兩種資料，使用雙向細目表（two-way specification table），作為教師編製成就測驗的藍圖（blueprint）。教師在自編成就測驗時，通常會依據 Bloom、Englehart、Hill、Furst 和 Krathwohl（1956）的知識、理解、應用、分析、綜合與評鑑等教學知識的六個目標，評量學生不同層次的能力。此種以知識內容和認知目標所構成的雙向細目表，非常適合用來檢核評量或試題內容的品質，了解試題內容檢測的重點所在。

(三)選擇適當的評量或測驗題型

教師在題型的選擇及編擬試題方面，可依據測驗目的，選擇適當的測驗試題類型。

郭生玉（2004）指出，試題的種類繁多，大約可分成二大類，首先即選擇反應試題（selected-response item），如是非題（true-false item）、選擇題（multiple-choice item）、配合題（matching item）等；其次，乃建構反應試題（constructed-response item），如簡答題（short answer item）、填充題（completion item）、論文題（essay item）等。這些題型皆有其特色，並無絕對優劣之分，教師可依據實際情況選擇。

(四)妥善編輯評量或測驗試題內容

教師要編妥一份品質良好的試題，須考慮測驗題數的多寡、分數分配比重、難易度及如何編排等問題。

此外，若想編製標準化的成就測驗，則必須再進行預試與評鑑，以及建立信度、效度與常模等標準化步驟。

確定評量或
測驗的目的

- 測驗常因使用目的之差異，其題型、內容、範圍、難易度等自然有所不同
- 確定測驗目的，才有明確依循的方向與目標

設計與使用
雙向細目表

- 根據教學目標和教材內容，使用雙向細目表作為教師編製成就測驗的藍圖
- 依據知識、理解、應用、分析、綜合與評鑑等六大知識目標，評量學生不同層次的能力

選擇適當
的評量或
測驗題型

- 選擇反應試題：如是非題、選擇題、配合題等
- 建構反應試題：如簡答題、填充題、論文題等

妥善編輯
評量或測驗
試題內容

- 編輯試題方面：考慮測驗題數多寡、測驗分數分配比重、測驗的難易度及測驗如何編排等
- 編製標準化成就測驗：必須進行預試與評鑑，及建立信度、效度與常模等步驟

UNIT **6-12**
實踐有效教學評量的特徵

一、有效教學評量是什麼

一份品質不良的教學評量,是否能真正測量出學生的學習成效,不免令人產生質疑。因此,當教師實施教學評量時,除必須掌握良好教學評量品質的重要條件之外,更必須實踐或凸顯有效教學評量的特徵。

教師要實施有效的教學評量,至少應該包括以下三個層面(簡茂發,1988;林進材,2004):

(一)教學效率之評量

即以評量方式檢視教師的教學效果為何。評量項目包括教學目標、教學方法、教學內容、教學實施、師生互動和教學資源等方面。

(二)學生學習成就之評量

即以評量方式檢視學生的學習成就或效果為何。評量項目包括學生的學習行為、過程、態度和結果。

(三)課程的設計與實施之評量

即以評量方式檢視學校課程計畫和實施情形為何。

二、實踐良好教學評量品質特徵

郭生玉(2004)指出,一個良好的測驗品質,其特徵在於是否具有效度、信度、常模與實用性等,茲將其分別說明如下:

(一)效度

效度係指測驗能真正測量到所欲測量的特質,此乃一個測驗存在的必要條件。測驗如果缺乏效度,當然無法實現其測驗的目的、功能與價值。測驗的效度高,則信度一定高;但測驗信度高,卻不必然保證效度一定高,僅有助增進測驗效度而已。

(二)信度

信度指測驗分數的穩定性或一致性,乃測驗的充要條件。測驗信度高,測驗效度不一定高;但測驗信度低,測驗效度必然低;因此,信度乃測驗效度存在的必要條件。

(三)常模

常模係依據標準化樣本在測驗的實際表現成績而建立的,它是以標準化樣本的平均成績來表示(郭生玉,2004)。一般測驗的原始分數,無法顯示學生的成績為何,通常並不具任何意義,必須轉化成常模分數,並進行比較,以顯示成就水準為何。

(四)實用性

實用性係指測驗容易實施、容易計分、容易解釋與應用、經濟。如果測驗雖具效度、信度與常模,卻因測驗過於複雜、時間太長或太短、計分困難、成本太高、不符合經濟效益等而難於實施,則仍然無法發揮並確保其應有的優良品質。

```
                    有效評量的內涵

      ┌──────────────┬──────────────┬──────────────┐
      │              │              │              │
  教師教學效率      學生學習成就      課程設計與
    之評量          之評量        實施之評量

  評量項目包括教學    評量項目包括學生    即以評量方式檢視
  目標、教學方法、    的學習行為、過程、  學校課程計畫和實
  教學內容、教學實    態度和結果        施情形
  施、師生互動和教
  學資源等
```

163

```
  指易實施、易計                    指測驗分數的穩
  分、易解釋與應                    定性或一致性乃
  用、經濟                        測驗充要條件

      實用性                          信度

              良好教學
              評量品質
              的特徵

  依據標準化樣本                    指測驗測量到所
  在測驗的實際表                    欲測量特質乃測
  現成績而建立                      驗的必要條件

      常模                            效度
```

UNIT **6-13**
謹慎詮釋不同教學評量的結果

一、詮釋教學評量的重要性

教學評量的結果，可供檢討與改進教學，評估學生學習成效的良窳，並作為實施補救教學之依據，甚至可提供家長了解子女學習情況，或作為實施能力分組之依據等。

實施教學評量後，若只呈現分數結果，而未進行詮釋或解釋，通常並不存在任何意義。評量分數具有「不確定性」，如原始分數 79，是否一定比 80 分差呢？例如，10 題難度不同的兩種測驗，當各答對 6 題時，其代表意義即不同；其次，評量分數「單位的不等性」，如 100 和 80 分相差 20 分，與 60 分和 40 分也差 20 分，這兩者皆差 20 分，但實際差距並不相等。

因此，教師若要詮釋評量結果，應先選擇適當的工具進行解釋，並將原始分數轉換成相對量數，不能僅以原始分數直接進行詮釋，才能更能深入了解教學或學習成果及詮釋分數所代表的意義為何。

二、詮釋教學評量的方式

通常測驗或評量的原始分數，並無太大意義，欲了解原始分數的意義，則需將原始分數轉換，並以常模和獲得的相對量進行比較才有意義。

教學評量結果的解釋，通常以「標準參照評量」和「常模參照評量」等兩種，茲分述如下：

(一)標準參照評量

教師使用標準參照評量時，應事先設定某個標準數值，若學生超過此一數值即算及格；一般教師通常以評量或測驗分數達 60 分為及格的臨界值。標準參照評量通常用在學力考試和成績報告單的評量之上（林清山譯，1990）。依教學實務經驗而言，通常**「小班教學評量」**宜採標準參照評量（張清濱，2008）。

(二)常模參照評量

常模參照評量，以預先建立的群體標準，將學生的學習表現與此特定的參照團體進行相互比較。

一般常以「次數」、「平均數」、「標準差」、「常態分配曲線」來解釋評量的相對地位。因而地區性或全國性的標準化評量，常選擇常模參照評量。

單採用常模參照評量時，仍應注意其限制。如過度強調相對地位高低、重視排名、注重競賽，則易造成反效果；其次，單從常模參照測驗的分數，無法反映出學生學業成就的實質意義；第三，容易使教師過分強調學生天賦與環境之差異，而忽略教材及教法的改進。

因此，教師使用時可因應不同情況做選擇。如精熟學習、預備性、形成性和診斷性評量，適合標準參照評量；而安置性評量、總結性評量則選擇常模參照評量較佳。

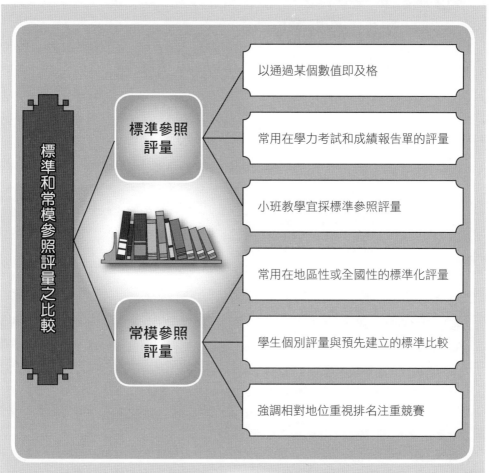

標準和常模參照評量之比較

標準參照評量
- 以通過某個數值即及格
- 常用在學力考試和成績報告單的評量
- 小班教學宜採標準參照評量

常模參照評量
- 常用在地區性或全國性的標準化評量
- 學生個別評量與預先建立的標準比較
- 強調相對地位重視排名注重競賽

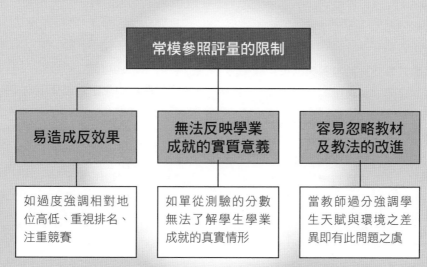

常模參照評量的限制

易造成反效果

無法反映學業成就的實質意義

容易忽略教材及教法的改進

如過度強調相對地位高低、重視排名、注重競賽

如單從測驗的分數無法了解學生學業成就的真實情形

當教師過分強調學生天賦與環境之差異即有此問題之虞

UNIT 6-14
掌握實施教學評量發展的新趨勢

一、實施教學評量的原則是什麼

教師在實施教學評量時，為了解教學目標或學生學習成就達成的情況，必須採用不同的評量方式，才能達成此目的。因此，教師於實施教學評量時，必須把握教學評量發展的新趨勢，才不會失去教學評量的方向與目標，茲將其分述如下。

二、掌握教學評量發展的新趨勢

1. **根據教學目標**：教師在實施教學評量時，應掌握教學目標，才能檢驗該單元的意圖是否具體達成教學目標。

2. **兼顧認知、技能與情意層面**：任何學科或學習領域皆含有認知、技能與情意等領域知識的成分，在實施教學評量時，不能只評量學生知識、技能的獲得，亦應重視學生在行為、態度、習慣、興趣、欣賞、適應等情意領域的改變。

3. **兼顧教學評量的過程與結果**：教學評量不應僅強調最後的學習結果，學習過程亦相當重要。

4. **需因應學生的個別差異**：依據多元智能的理論，每人皆有多種智能，只是優劣不一。實施教學評量應考量個別差異，如提供書寫、報告、討論、繪畫、表演、鑑賞等方式的評量，或提供學生自我和同儕評量的機會，則更有助多元潛能的發展。

5. **師生共同合作的過程**：教學評量不應完全從教師的角度出發，以避免預設的、偏見或意識型態的問題產生。學生乃知識建構的主體，教師應扮演支持、協助和擔任鷹架建構的角色。

6. **教學評量的方式要多元化**：多元評量不應僅具表面形式的多元，而忽略評量的本質與目的，才不致流於「為多元而多元」的評量形式，而失去多元評量的意義。

7. **評量結果兼顧文字描述、等級呈現而非僅簡約為分數**：教學評量應依據學生個別實際表現與文字描述情形，予以具體的、差異化的分數，呈現個別學習結果，以更真實呈現分數的實質意義。

8. **評量分數應以「一段分數」而非以「特定數值」來解釋**：為避免評量誤差而影響結果的詮釋，因而在解釋評量分數時，即應以「一段分數」解釋，而非以「特定數值」來解釋。

9. **評量應以學生跟自己比較為主**：跟自己比較（標準參照）可避免同儕之間過度的惡性競爭，而產生對立、排斥、偏見與歧視等問題，有效促進同儕的相互合作或合作學習。

10. **從教師評量走向學生自評、互評為主**：教學評量若兼顧學生自評及互評，則具有促進學生學習的功能。

教學評量發展的十大新趨勢

1. 教學評量須根據教學目標

2. 教學評量應兼顧認知、技能與情意層面

3. 教學評量要兼顧教學評量的過程與結果

4. 教學評量需因應學生的個別差異

5. 教學評量是師生共同合作的過程

6. 教學評量的方式要多元化

7. 評量結果兼顧文字描述、等級呈現而非僅簡約為分數

8. 評量分數應以「一段分數」而非以「特定數值」來解釋

9. 教學評量應以學生跟自己比較為主

10. 從教師評量走向學生自評、互評為主

第 **7** 章

高效能教師應有的教學表現

　　教書人人會教，但想成為一位高效能教師，卻非容易之事！教學乃教師每天必須進行的例行公事，是學校教育最主要的任務，更是一項專業的挑戰工作。教學如果是一項專業工作，則高效能教師在教學工作上，不應僅只進行 3R——讀、寫、算的基本工作而已。易言之，高效能教師應有的表現，不只傳遞教學知識而已，亦應強化高效能教師的教學信念，並以專業的教學知識作基礎，才能培養出學生健全的人格發展。

UNIT **7-1**
掌握明確可行的教學目標

一、教學目標是什麼

教師的教學要往哪裡去？甚至要將學生帶往何處？必須有清楚的、明確的意圖、方向和重點。

教師於教學前，事先擬定具體的、可行的、可測量、明確的「教學目標」，乃教學歷程中，相當重要的工作與任務。換言之，若熟知並掌握明確的教學目標，才知道要將學生帶往何處；學生從教學目標中，亦可清楚知道要學到哪些知識或技能。

教學目標通常稱作行為目標，屬於操作型的目標陳述（張清濱，2009），其具有提供教學實施的參考架構與方向，使教師更清楚的理解教學內容或程序，並指引教師實施教學活動。

二、教學目標的要素

一個具體的、明確的與可測量之教學目標，通常應具備下列的要素（黃光雄，1996；林進材，2004；Kellough & Kellough, 2003）：

1.「**學習者**」（audience）：即教學的對象或企圖達成教學目標的對象。

2.「**特定的行為或能力**」（behavior or capability）：即想要學生最後學到什麼行為或技能。

3.「**特定情境**」（conditions）：即教學的知識、技能與態度的學習，係在何種條件下實施。

4.「**評鑑標準**」（degree）：即評估學生達成的學習行為的標準為何。

例如「國小三年級學生能在 20 秒內，跑完一百公尺」，其中「國小三年級學生」即教學目標的「學習者」；「跑完」即學生學習的「特定的行為或能力」；「一百公尺」即學習的「特定情境」；「在 20 秒內」即達成學習行為之「評鑑標準」。

三、教學目標的種類

Bloom、Englehart、Hill、Furst 和 Krathwohl（1956）將教學目標分成認知、情意與技能等三類。其中認知領域，又分成「知識」、「理解」、「應用」、「分析」、「綜合」與「評鑑」。

相隔約 45 年後，Anderson、Krathwohl、Airasian、Cruikshank、Mayer、Pintrich、Raths 和 Wittrock 等人，因應學習歷程研究的發展，修訂 Bloom 等人先前的認知分類，將屬於「教什麼」範疇的「知識向度」，分成「事實」、「概念」、「程序」及「後設認知」等；及促進學習者保留遷移所獲得的知識之「認知歷程向度」，分成包括「記憶」、「了解」、「應用」、「分析」、「評鑑」和「創造」（Anderson & Krathwohl, 2001）。

而情意領域，Krathwohl 等人將其分成接受或注意、反應、評價、重組、品格形成。而 Simpson（1972）則將強調肌肉或肢體動作的技能，分成「感知」、「準備狀態」、「引導反應」、「複雜反應」、「機械化」、「調適」、「獨創」等。

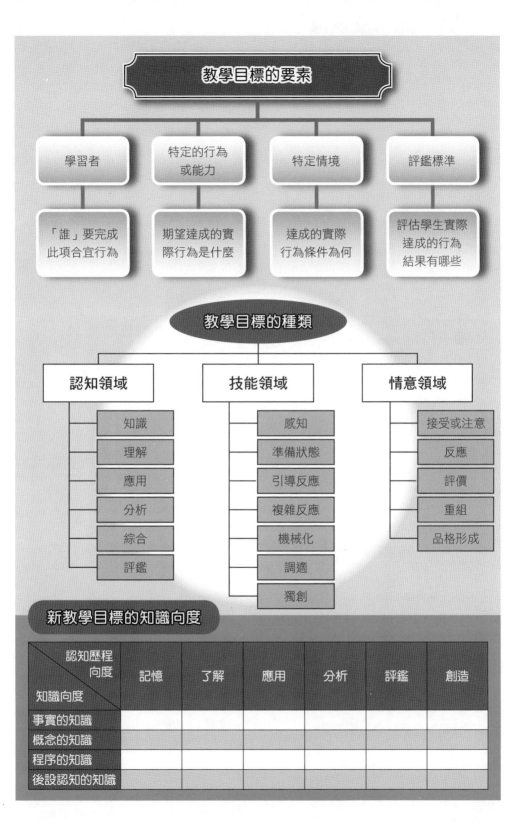

教學目標的要素

- 學習者
- 特定的行為或能力
- 特定情境
- 評鑑標準

- 「誰」要完成此項合宜行為
- 期望達成的實際行為是什麼
- 達成的實際行為條件為何
- 評估學生實際達成的行為結果有哪些

教學目標的種類

認知領域	技能領域	情意領域
知識	感知	接受或注意
理解	準備狀態	反應
應用	引導反應	評價
分析	複雜反應	重組
綜合	機械化	品格形成
評鑑	調適	
	獨創	

新教學目標的知識向度

認知歷程向度 / 知識向度	記憶	了解	應用	分析	評鑑	創造
事實的知識						
概念的知識						
程序的知識						
後設認知的知識						

UNIT **7-2**
審慎妥善規劃與運用教學時間

一、學科領域教學時間的分配

教學時間常因學習領域或科目屬性之差異，而有不同的教學時間分配。通常屬於「認知性」的語文領域和數學領域，所分配的教學時間比例較多，而技能或情意領域的體育、音樂和藝術等學習領域，相對所分配的時間之比例則比較少。

而一位高效能教師究竟應如何妥善規劃與安排教學時間，才能產生很好的教學與學習效果呢？茲提供幾個方向供參考，並分析說明如下。

二、學科領域教學時間規劃的方向

(一)規劃調整瑣碎的教學時間

依照規定國小每節的教學時間約 40 分鐘左右，若扣除瑣碎的點名、發放作業簿、維持秩序、處理常規、宣布注意事項等，可能會占用 5-10 分鐘的教學時間；若再加上教學前 5 分鐘的引起動機，則每節課可能剩下 25-30 分鐘，很容易壓縮到正常的教學時間。

因此，建議教師將這些瑣碎事情，妥善規劃及調整至導師時間或平均分配至每節課前處理，將這些瑣碎事件可能對正常教學時間的影響減至最低程度，充分掌握有效的教學時間。

(二)提高主動參與學習的時間

高效能教師要如何才能提高學生主動參與學習的時間，可以嘗試做到下列幾件事情：第一，運用多重編碼，以強化學習動機，滿足學生的好奇心；第二，因應個別差異，提供成功的「福樂經驗」（flow experience），以提升內在學習的動機；第三，促進與提升學生同儕之間彼此互助合作的學習機會；第四，運用正向鼓勵關懷，以有效維持教室的學習秩序。

(三)提供學生個別學習的時間

教師在教學時若一味講解教學內容，未能提供讓學生自行學習消化吸收教材內容的時間，則並無法讓學生達成精熟學習之目的。教師在教學進行中應善用各種有效的問答法，以充分了解個別學生學習情況；並提供若干時間讓學生單獨或集體反思回饋，甚至給予學生個別輔導，以糾正學生的錯誤或迷思概念。

(四)有效彈性組織教學活動

教師於教學前若能事先將教學活動加以組織，則能使教學活動之進行更加流暢。而如何有效組織教學活動，則可嘗試做到下列幾件事情：第一，依據學生特性選擇適性化、多元化的教學方法；第二，簡化教材內容，掌握由簡而繁，由易而難，由淺至深的原則；第三，依據學生的學習表現，採取變通性的教學活動，以激勵學生的學習效果。

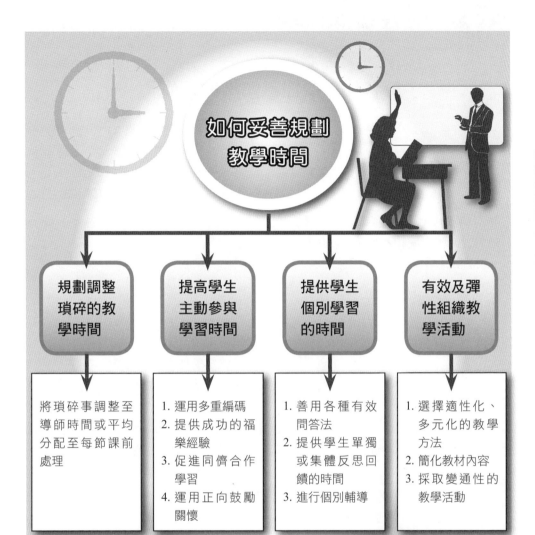

如何妥善規劃教學時間

規劃調整瑣碎的教學時間	提高學生主動參與學習時間	提供學生個別學習的時間	有效及彈性組織教學活動
將瑣碎事調整至導師時間或平均分配至每節課前處理	1. 運用多重編碼 2. 提供成功的福樂經驗 3. 促進同儕合作學習 4. 運用正向鼓勵關懷	1. 善用各種有效問答法 2. 提供學生單獨或集體反思回饋的時間 3. 進行個別輔導	1. 選擇適性化、多元化的教學方法 2. 簡化教材內容 3. 採取變通性的教學活動

生手教師 vs. 專家教師

對一位初任教學的「生手教師」（novice teacher）而言，要進行教學規劃與設計，可能是一件相當困擾的事。然而，對於一位教學經驗相當豐富的「專家教師」（expert teacher）（或稱高效能教師）來說，卻是輕而易舉及駕輕就熟之事。

「專家教師」擁有豐富的專業知識與能力，特別在教學計畫、教學實施、教學評量、教學技巧、敏銳覺察力、反省與思考、有效解決問題等方面，均與生手教師有顯著的差異。

小博士名詞解說

UNIT **7-3**
了解各種教學知識類型的差異

一、前言

教師傳授的知識類型，大概可分成認知、技能和情意等三類。而其中屬於「教什麼」範疇的知識領域，即教師教學所傳授的教學知識；若教師能深入了解這些知識之間的差異性，則教學實施自然順暢。

二、教學知識的類型

Anderson 和 Krathwohl（2001）指出了認知領域屬於「教什麼」範疇的「知識向度」，可分成包括「事實」、「概念」、「程序」及「後設認知」等。茲將其分別說明如下：

(一)事實的知識

事實的知識係指學生必須知道的基本知識，其可分成「專有名詞的知識」，指特定的符號、術語或詞句的知識，包括特定語文或非語文形式的術語或符號等；其次，「特定細節和元素的知識」，指確定相關事件、位置、人、資料、資訊的精確性、特定性、概略性之個別事實的知識。

(二)概念的知識

指基本元素之間彼此相互運作的關係，而此基本元素可解釋較大結構，並結合功能的知識。其可分成三種，說明如下：

1. **分類和類別的知識**：指學科領域中分門別類的知識，以確定不同事物的類別、等級、區分和排列情形。

2. **原理和通則的知識**：指用於觀察現象或總結摘要的普遍性知識，可用描述、預測、解釋、決定最適切行動。

3. **理論／模式／結構的知識**：指對複雜現象、問題、事物提出清楚、完全、系統性觀點的知識。

(三)程序的知識

指如何完成某事件的方法、流程、探究方法及使用技巧、演算、技術和方法的規準，其約可分成三種，茲分別將其說明如下：

1. **特定學科技能和演算知識**：指最後結果、固定順序或步驟的知識。

2. **特定學科技術與方法知識**：指研究學科的方法，反映專家思考和解決問題的知識，諸如共識或學科規範的知識。

3. **運用規準的知識**：指知道何時使用程序和過去使用該程序的知識，通常為歷史紀錄或百科全書形式。

(四)後設認知的知識

指對知識的監控、控制與規範的認知，即認知的覺知和思考的反思。其可分成三種知識，分別說明如下：

1. **自我知識**：指學生具有能認識自己、了解他人的知識。

2. **策略知識**：即知術（方法）知識，此類知識係學習、思考、解決問題的知識，會因工作與學科性質而異。

3. **認知任務知識**：即背景脈絡與情境知識，知道何時正確使用和為何使用某策略的知識，其與當時情境、社會、傳統和文化規範有關。

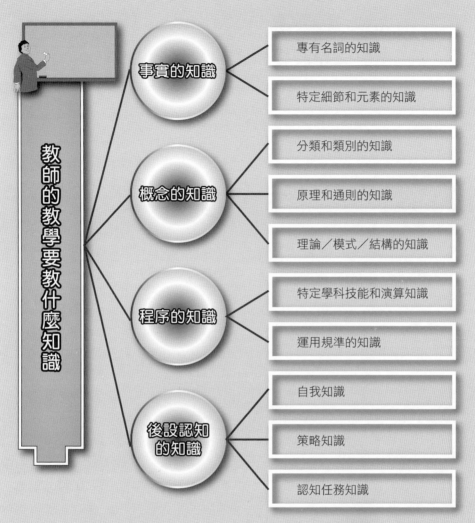

教師知識（teacher knowledge）

「教師知識」係指教師在某一教學情境中，為達成有效教學之目的，所必須具備的一系列之理解、知識、技能與特質（Wilson, Shulman & Richert, 1987）。

面對知識經濟與資訊科技高度發展的時代，教師在教學過程中進行專業思考與決定時，教師知識的專業性更扮演著相當重要的關鍵性角色。一位專家教師或高效能教師除表現出若干有效的教學行為外，仍必須以堅實的專業知識做基礎，才足以稱為高效能教師。

小博士名詞解說

UNIT 7-4
擁有完整詳細縝密的教學計畫

一、教學計畫的形式

Yinger（1977）研究發現教師從事教學的五個不同種類計畫，包括年度的、學期的、單元的、每週的、每日的等（Yinger, 1982）；茲將其分別說明如下：

(一)每日的計畫

每日的計畫係指教師準備每天教學所需的教材或教具，或為明天學校要從事的教學工作，事先預做準備，諸如再次檢視、準備教材、教學資源、搜尋資料等。

(二)每週的計畫

係指以時間為主要考量因素的教學計畫，通常是指為週一至週五即將出現的教學活動預做準備。如搜尋相關教材或資料，準備教學資源，布置教學場地，請學生預備教學相關工具。

(三)單元的計畫

指依據學生的學習需求，以一個教學單元為範圍，安排一些有意義、有關聯及統整的學習經驗、教材或教學活動。單元教學計畫按學科領域，可分成「單一學科」、「跨學科領域」、「大單元連絡教學」等三種。「單一學科」係指某個學科領域，將一學期的內容分成若干的單元教學；「跨學科領域」係指打破學科領域界限，以科際統整課程的方式來組織成一個單元教學活動；至於「大單元連絡教學」，係以一個問題或主題為中心，保留學科界限，彼此相互關聯與統整。

通常教師須針對每一個單元內容，審慎評估學生的學習特性及需求，選擇適性化教材、教學資源，甚至考量家長、學校情境等因素，以形成一個有效與完整的單元教學計畫。

(四)學期的計畫

一個學年度通常有兩個學期，而學期的計畫是指決定每週的課表與每星期中即將實施的單元活動，直到下次學校的假期為止。預先慎思學期的計畫，有利於教師清楚掌握完整的教學方向或目標，甚至彈性調整、增加或刪減教學內容，使學生獲得更好的教學與學習品質。

(五)年度的計畫

當每個年度開始之前，教師必須安排整年度的教學工作與順序，包含教材選擇、學生安置、實際週數、實際教學需求及考量其他因素等，以作為教學實施的依據，目的在減少每一個教學情況的不可預測和不確定性，使年度的教學工作計畫性地進行，提升教學效果。

二、小結

教師若能清晰掌握此五種教學計畫，則利於建構未來教學行動的參考架構，選擇與組織有機的教學內容，提供學生系統化的學習活動，和預測與評估教學實施的可行性，使教學活動系統化、組織化、有機化和更流暢，使學生對教學活動產生「有意義」（make sense）的概念。

教學計畫的類別

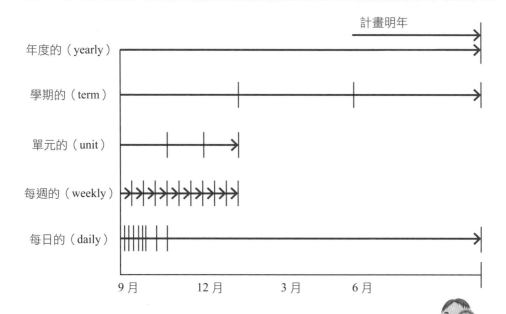

計畫明年

年度的（yearly）

學期的（term）

單元的（unit）

每週的（weekly）

每日的（daily）

9月　　　　12月　　　　3月　　　　6月

資料來源： 引自 Yinger, 1982, p.246 。

教學計畫（teaching planning）

　　「凡事豫則立，不豫則廢。」教師在教學的過程中，可能經常不斷面臨來自於學校與班級的環境、教學目標與學生特性等各種教學問題與兩難困境。因此，當教師進行教學時，必須擁有詳細而縝密的安排與規劃，即進行「教學計畫」工作，則才能達到較佳的教學效果。

　　而教學計畫最顯著的功能，即是轉化（transform）和修改（modify）教師的教學，使教師的教學更能符合每一個獨特教學環境的需要，甚至滿足學生的個別差異。

小博士名詞解說

UNIT 7-5
有效喚起學生的先備知識

一、先備知識是什麼

學習新知識對學生而言，可能將是一個大挑戰，尤其當學生對於即將學習內容的知識或概念一無所知，無法有效喚起相關的印象，或產生任何聯想，則教學可能將面臨相當艱難的挑戰。然而，學生在教師實施教學之前，並非什麼都不知道或毫無任何學習經驗或概念，如同 Locke 的「白板」一樣。

Ausubel（1968）指出，影響學生學習最重要的唯一因素，即「學生已知道什麼？」換言之，教師在實施教學之前，首先最重要的事，乃必須成功有效地喚起學生的「舊經驗」或「先備知識」（prior knowledge），以此作為教學實施的基礎，了解學生學習的準備狀態，預測學生學習時可能的反應，才能促進學生的學習遷移和獲得有意義的學習效果。

因此，教師平時應主動幫助學生不斷地擴展學習的經驗，不自我設限，以逐漸累積豐富的先備知識或經驗，才能讓學生的學習左右逢源、觸類旁通並學得更廣博，如此才能活得更精采，學習更有意義！

二、如何喚起學生的先備知識

教師實施教學時，可運用學生的先備知識或舊經驗，讓教學更具有意義。至於如何有效喚起學生的舊經驗，林清山（1997）指出，可採行下列五種有效的方式，茲說明如下：

(一)事先提供學生說明式組體

「說明式組體」（expository organizers）即教師預先提供即將要學習內容的精簡版內容或部分內容的訊息，以協助學生對學習內容的知識結構產生連結。

(二)以比較式組體建立外在連結

「比較式組體」（comparative organizers）係教師預先提供所要學習內容的相對的或相關的教材內容。

(三)提供具體實物以達類化作用

教師於教學前提供具體模式或實物，讓學生產生具體的圖像概念，有助學生喚起過去或舊有之記憶。

(四)以標示促進內在連結

「標示」係指將教材內容分段標示，使文章內容之組織結構呈現更明顯，如提供「本文共分成三個步驟，1……，2……，3……」；第二，將文章重要觀念進行「摘要」（abstract）或「概括說明」（summary statement），如「本文主要在說明……」；第三，使用「提示字」（pointer words）以強調重要訊息或文章主要內容。

(五)以附加問題引導學生注意力

附加問題具有「順向」（forward）和「逆向」（backward）效果；順向效果則可以讓學生了解這些問題與所要閱讀文章的關係；逆向效果則可以提供學生再回來看文章中的特定部分。

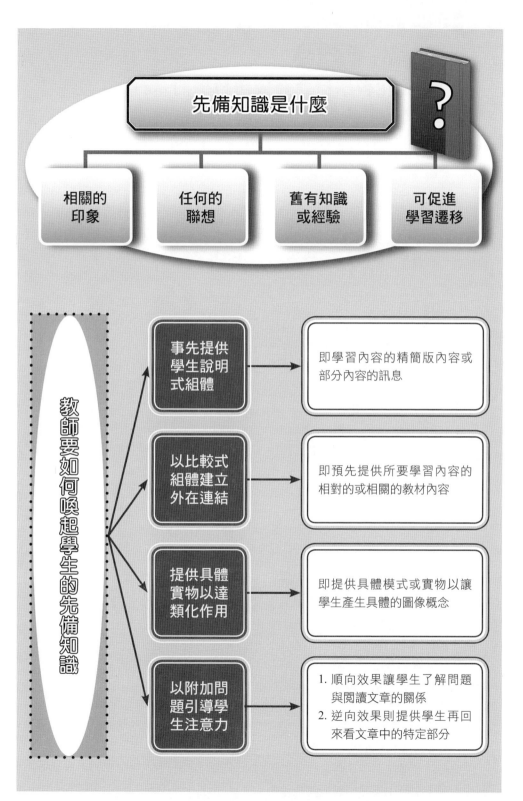

先備知識是什麼

| 相關的印象 | 任何的聯想 | 舊有知識或經驗 | 可促進學習遷移 |

教師要如何喚起學生的先備知識

| 事先提供學生說明式組體 | 即學習內容的精簡版內容或部分內容的訊息 |

| 以比較式組體建立外在連結 | 即預先提供所要學習內容的相對的或相關的教材內容 |

| 提供具體實物以達類化作用 | 即提供具體模式或實物以讓學生產生具體的圖像概念 |

| 以附加問題引導學生注意力 | 1. 順向效果讓學生了解問題與閱讀文章的關係
2. 逆向效果則提供學生再回來看文章中的特定部分 |

UNIT **7-6**
強化教學信念乃成功教學的基石

一、前言

　　教師經常依據本身已具備的知識、邏輯、經驗、價值等，對教學相關的看法或觀念進行評估，以形成其對教學信以為真的基本觀念。而這些觀念會受到教師的個人特質、專業背景、教導對象、教學能力和教學情境等之差異而產生不同的影響。

二、教學信念的種類

　　教學信念的內涵是相當地複雜而廣泛，一般學者將教學信念區分為下列四種不同的取向，分別說明如下：

(一)教師中心 vs. 學生中心

　　以教師為中心者，強調權威和系統化的教學，教學係由教師來主導及直接進行教學，而學生則跟隨著教師的教學進行學習，教師扮演知識的傳遞者，將學生視為知識的「接收者」或「容器」。

　　以學生為中心者，強調建構式教學概念，重視滿足學生的學習需求，強調知識學習是透過實際探索與經驗學習而來，教師扮演學習的輔導者或促進者，而學生則是知識積極學習者。

　　無論是以「教師中心」或「學生中心」皆有其優點與限制，高效能教師應衡量學生特性、學生學習需求與教學情境脈絡等進行適當的決定。

(二)傳統的 vs. 進步的

　　持進步主義取向的教師，強調學生的主體性，教學應與學生經驗相連結，學習由學生主控；進步主義取向除重視認知性的教育目標外，社交與情緒成長的情意教育則是主要的重點，因而比較強調學生學習興趣的獲得，評量趨向多元化。

　　教師的信念持傳統主義取向，教學係以教師為中心，教師主導教學進度，強調教學目標的達成，學生居於學習的客體，著重知識的記憶、朗誦、回憶、紙筆測驗，並強調智育的分數主義，此亦與教師中心取向之信念有不謀而合之處。

(三)保守的 vs. 自由的

　　秉持著保守取向的教師，通常比較強調權威和傳統，因此教學傾向以教師為中心的控制取向，忽視學生個別需求、自由學習與主體性，教學相對比較缺乏創造與批判思考。

　　教師的教學信念若持自由取向，強調應尊重學生的主體性，教學應塑造學生自由學習的情境脈絡，教學富有創造與批判思考。

(四)學科導向 vs. 學生本位

　　教師信念以學科導向為主者，相當重視學科領域知識與技能獲得之教學，相對忽視藝術人文的情意領域之學習；因此，其教學工作重點，主要皆以認知領域教學為主。

　　而教師信念以學生本位為主者，則強調以學生就業關聯的領域知識為重點，重視藝術人文的情意領域之學習。因此，其教學工作重點，主要皆以情意領域教學為主。

教學信念的取向

```
教師中心        學科導向        傳統的         保守的
  vs.            vs.           vs.           vs.
學生中心        學生本位        自由的         進步的
```

教學信念（teaching belief）

　　教師的教學信念，係指教師的內心對教學信以為真的想法或理念，乃成功教學的必備條件；如孔子的「有教無類和因材施教」，孟子的「集天下之英才而教之」等皆屬於教師的教學信念之一。此外，值得注意的，教師的教學信念乃屬於深層與潛在的，深深影響教師的教學知覺和處理班級事務的模式，引導著教師的思考、判斷與決定。

　　教學信念並無絕對好壞之分，通常「教師中心」、「傳統的」、「保守的」、「學科導向」的信念，強調知識技能的獲得與傳承；而以「學生中心」、「自由的」、「進步的」、「學生本位」的信念，則重視學生的獨特性、自主性，注重各項能力的適性發展。教師應隨時根據教學情境脈絡，經常檢視、反思自己教學信念的合理性，勿因自己僵化與固著的教學信念，而影響學生的學習權與受教權，才能充分保障教學品質。

小博士名詞解說

UNIT 7-7
擁有 Shulman 七種豐富的教學知識

圖解教學原理與設計

一、教師的教學知識是什麼

教師的教學知識，乃是一個整合、富有變化性、來源多元且無法輕易洞察之系統，其建構於實際知識、受教經驗、先前的概念、個人信念、生活史和哲學觀之基礎上（林進材，1997）；教師知識不只影響教師的教學行為，亦深深地影響學生的學習態度與效果。

教師若擁有豐富的教學專業知識與技能，不但能因應不同的教學情境脈絡，採用多元化教學策略以提升教學品質，更是高效能教師必須具備的最基本條件。

二、教師教學知識的種類

Shulman（1987）曾指出，教師實施教學時所應必備的七種知識，包括如下：

(一)內容知識

係指對特定學科課程知識內容的理解，包括學科課程中的事實、概念、知識與原理等專業知識，及對此知識體系的了解。

(二)一般教學知識

「一般教學知識」係指超越學科所應具備的一般之教學技巧、原理、策略與技術等共通的原則或策略，包括班級經營、監控學生的學習、評量學習、直接教學法、合作學習法等。

(三)課程知識

係指在校學習的整個經驗，包含課程發展的過程及課程間之橫向與縱向連結知識，以促進教與學之間的協同與統整。

(四)學科教學知識

係指教師不但了解學科內容知識，還要知道如何進行教學。

(五)學生及其特性的知識

係指教師對學生的學習理論知識、學科先備知識、學習過程的身心發展狀況（如學習能力、經驗、認知發展、動機、態度、學習風格、態度等），以及學生背景（如語言、文化、年齡、種族、社經地位、性別等）的各種知識之理解，以了解學生的學習、認知、思考及在學科所遭遇的困難，進而改善教學或實施補救教學。

(六)教育情境脈絡、設施與管理的知識

指認識與理解和學習有關的各種教育情境，如教室情境、學校規範、家庭狀況、社區背景、社會需要、教育政策及文化特質等。教師必須經常保持敏銳洞察力，理解教學的各種情境脈絡，有效因應這些情境脈絡對教學顯著或潛在的影響。

(七)教育目標、價值、歷史的知識

指有關教育目的、價值、哲學與歷史背景等相關的知識。

教師知識（teacher's knowledge）

- 內容知識（content knowledge）
- 一般教學知識（general pedagogical knowledge）
- 課程知識（curriculum knowledge）
- 學科教學知識（pedagogical content knowledge）
- 學生及其特性的知識（knowledge of learners and their characteristics）
- 教育情境脈絡、設施與管理知識（knowledge of educational contexts, settings and governance）
- 教育目標、價值、歷史知識（knowledge of educational aims, purposes and philosophy）

學科教學知識（pedagogical content knowledge, PCK）

擁有豐富知識的教師，不一定很會教；很會教的老師，也不見得一定擁有豐富的知識。學科教學知識即指教師須同時擁有「學科內容知識」和「知道如何教」等兩種的知識。

Hashweh（2005）指出，PCK 代表個別及私有的知識，而非公共與目標的知識，乃教師教學建構的基本單位之集合。Shulman（1986, 1987）認為學科教學知識（PCK），使教師知道如何針對學習者的能力與興趣來將特定的教學主題予以組織、表徵及調整，以利教學之進行，它是教師知識的核心，也是有效教學的基礎，更是學科教師有別於學科專家教師的地方。

小博士名詞解說

UNIT **7-8**
小心謹慎使用行為改變技術

一、什麼是行為改變技術

行為改變技術係植基於古典與操作制約理論，主張行為是學習而來的，可運用增強、懲罰、消弱、類化等方式，有效地改變人類的行為。

教師在教學中，經常將行為改變技術當作教學手段，來導正不良學習行為或激勵學生表現良好行為。不過，行為改變技術雖具有快速與立竿見影的效果，卻非永久有效；行為改變技術是有效的，但卻非絕對有效；行為改變技術僅只是一種教育的手段，但卻非唯一的教育手段或方式。

二、行為改變技術的方法

茲將教師經常使用的行為改變技術，分別說明如下：

(一)正增強

指當學生表現優良行為後，立即給予酬賞，以使學生持續表現優良行為，如以語言、非語言和物質等方式讚美鼓勵學生。

(二)代幣制（token economy）

指當學生表現教師所期望的行為時，立刻給予代幣或正增強物，使優良行為不斷增加出現；相反的，當學生表現不良行為時，立刻剝奪或撤銷學生既得的正增強物，以減少不當行為表現。

(三)負增強

係透過停止施予學生所厭惡的刺激或撤除負增強物，以增加期望目標行為的出現率。例如：當學生上課認真聽講時，老師免去學生的罰站。

(四)消弱（extinction）

即不當行為出現時，應刻意忽視，避免增強不當行為的出現，過了一陣子，不當行為會逐漸消失。

(五)隔離（time out）

當學生出現不良行為時，教師以情境隔離，減少不良行為的發生。

(六)逐步養成

是以連續增強與目標行為有關的一連串細小步驟來發展新行為。

三、反思行為改變技術

教師使用行為改變技術時，應注意下列幾件事情：

1. 行為改變技術雖然具有一時的效果，但卻絕非萬能。
2. 行為改變技術具「暫時的」、「立即的」效果，卻非「永久」有效。
3. 行為改變技術是「之一」而非「唯一」的教學手段或方法。
4. 使用行為改變技術應注意其「潛在的」、「負面的」影響，如「抹殺思考」、「問題延宕」、「心理創傷」或「人格扭曲」等問題。

四、結論

要改變學生學習的外顯行為，不能只依靠行為改變技術，仍須配合其他有效策略；行為改變技術雖然有效，但仍有其潛在的負面影響，使用不當也可能造成反效果或後遺症。

圖解教學原理與設計

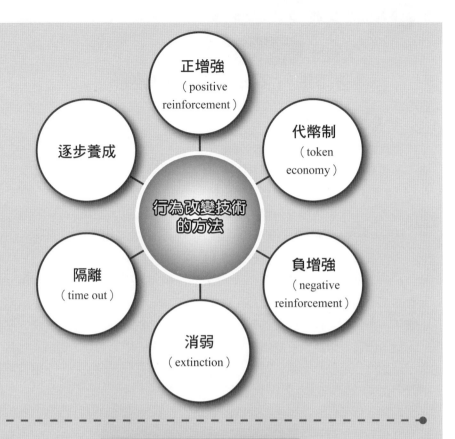

行為改變技術
的方法

- 正增強
  （positive reinforcement）
- 代幣制
  （token economy）
- 負增強
  （negative reinforcement）
- 消弱
  （extinction）
- 隔離
  （time out）
- 逐步養成

反思行為改變技術的影響

雖然具有一時效果但卻絕非萬能	具「暫時」和「立即」效果卻非「永久」有效	是「之一」而非「唯一」的教學手段	應注意其「潛在的」、「負面的」影響

小博士的解說

古代制約反應的故事

　　明朝有位徐文長先生，行為乖張且放蕩不羈，叔叔每次來到他家，皆會指責他，造成徐長文心裡非常討厭叔叔。幾天後，徐文長想到一個妙計：即當叔叔來時，便牽著叔叔騎的馬到屋後，並對馬作揖，然後重重地鞭打一頓，經過幾次練習後，當馬看到有人作揖，即會相當驚嚇的跳了起來。

　　隔天叔叔又到他家拜訪，徐長文對他非常有禮貌，而讚賞有加。但當叔叔要回去臨走前騎上馬時，徐文長又很恭敬對叔叔作揖，那隻馬以為又要挨打而暴跳起來，當場把叔叔摔得鼻青臉腫，直到死去仍不知被姪兒擺了一道。

UNIT 7-9
適時進行多元化的補救教學

一、補救教學是什麼

補救教學本質上，即是一種「評量－教學－再評量」的循環歷程，其主要目的即在於經由「篩選」、「診斷」與「轉介」等方式，讓學生接受適當的補救教學，進而提升學校的教學與學習的品質。

學校教育落實「把每一位學生帶上來」，不但是「四一〇」教改的訴求，關懷社會弱勢族群的體現，社會公平正義的實現，更是每一位教師責無旁貸的重責大任。因此，教師實施教學時，應深入了解與評估每位學生是否確實已精熟課程與教學之內容，尤其對於學習障礙、弱勢族群、低學習成就學生，除以創新及適性化教學引導其學習外，更應透過補救教學，有效提升其學習成就。

二、補救教學的適當時機

補救教學進行的適當時機為何？即何時教師需要進行補救教學？教師經由教學巡視、觀察學習、作業批改、成績考查（或測驗）等發現學生學習上的「個別差異」落後情況，包括學生的學習成就表現比一般學生落差很大時，或測驗表現呈現低的基本作答技巧，或在語文閱讀或數學的學習產生困難的情況時，甚至有學習挫折或障礙時，則可進行「個別化」、「差異化」、「適性化」與「即時性」的補救教學工作。

三、補救教學的方法

教師進行補救教學時，可運用的教學方法，包括：「直接教學法」（direct teaching）、「精熟教學法」（mastery teaching）、「個別化教學法」（individualized teaching）、「合作學習法」（cooperative learning）、「資訊科技融入教學法」（information technology integrated into teaching）等。

教師可依據學生實際的個別差異與特殊的學習情況，選擇上述若干適當的教學方法，以協助學生進行補救教學之學習。

大部分的學習障礙學生、弱勢族群、低學習成就學生，經過補救教學之後，應可增加與提升其學習效果。但教師仍應注意實施過程中可能遇到的相關問題，例如這些學生在心理上是否可能因受到某些歧視或差別待遇而影響其學習，或觀察思考這些學生之學習效率不彰的可能其他因素等，進而提出相關解決策略或尋求資源協助，以解決問題並提升教學與學習品質。

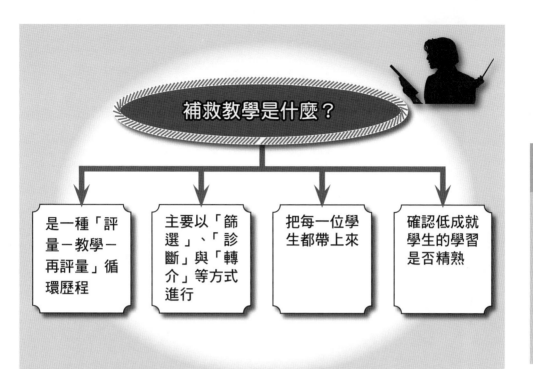

補救教學是什麼？

- 是一種「評量－教學－再評量」循環歷程
- 主要以「篩選」、「診斷」與「轉介」等方式進行
- 把每一位學生都帶上來
- 確認低成就學生的學習是否精熟

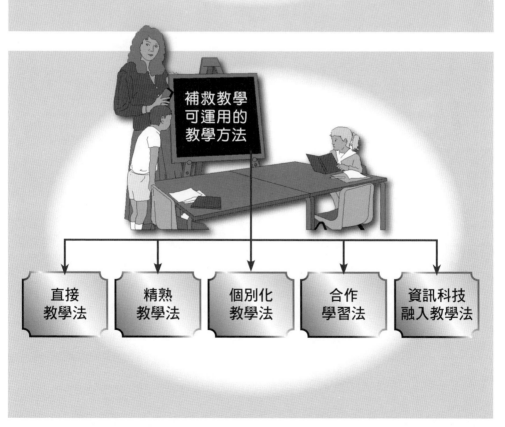

補救教學可運用的教學方法

- 直接教學法
- 精熟教學法
- 個別化教學法
- 合作學習法
- 資訊科技融入教學法

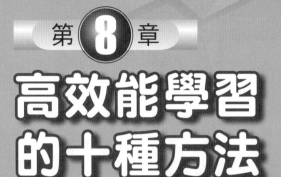

第 **8** 章
高效能學習
的十種方法

　　幾乎所有家長都非常關心小孩子的課業成績，皆希望自己的孩子擁有傲人的成績表現，但總是存有「為何我的孩子學業成績總是不如別人」的感嘆。大多數的老師，也對於某些學生的學習成效不佳感到束手無策！

　　並非聰明的學生，即有高的學習成就表現；並非天資不如別人的學生，學習成就即不如別人。仍有許多記憶能力不佳，學習效率不好，天資駑鈍者仍然擁有高效能的學習表現，此即他們善於使用各種有效的學習策略，以提高其學習成就表現的緣故。

UNIT **8-1**
我們學了很多但也忘了許多知識

一、記憶的種類有哪些

記憶（memory）乃學習表徵，沒有記憶則無學習（張春興，1991）。依照認知心理學理論，人類的記憶是有限的，我們學了很多知識，但也忘記許多學過的知識。

通常記憶大致可分成「感官記憶」、「短期記憶」、「工作記憶」、「長期記憶」等，茲分別說明如下：

(一)感官記憶（sensory memory）

係指經由視覺、聽覺、味覺、嗅覺等感官，感應到刺激所引起的短暫記憶（3 秒記憶）。因此，感官記憶若未加以注意（attention）、簡化目標，則記憶稍縱即逝，而產生遺忘現象。

(二)短期記憶（short-term memory）

係指個人經由感官的注意，而能按照原順序背誦的最大回憶量（林清山譯，1990）。通常經由感官的注意，能保存 20 秒以下的記憶，即稱為短期記憶。因此，若未善用複習（rehearsal）或其他記憶的方法，則短期記憶會馬上消失，而無法轉換成長期記憶。

(三)工作記憶（working memory）

工作記憶乃短期記憶的心理運作歷程，若個體對訊息性質有深入的理解與認識，則能將此訊息刻意予以保留，並轉換成長期記憶。因此，若能運用適當策略，則能幫助提取的訊息在短期記憶中保持相當活躍的能量。

(四)長期記憶（long-term memory）

係指記憶中能長期甚至永久保存者；然仍須有策略，方可永久記得。

二、遺忘現象和有效記憶策略

已學習過的知識或經驗不復記憶者，稱為遺忘（forgetting）的現象（張春興，1991）。遺忘乃人類學習與記憶的正常現象。依據心理學家的研究與看法，遺忘乃人類的一種正常現象，並非一種病症。

完形心理學認為人類的記憶痕跡，會隨時間的拉長而逐漸消失，此即所謂的「痕跡論」（trace decaying theory）。通常學生於教學後，第二天僅剩下 75% 的記憶，第三天以後逐次遞減，若不進行複習或提存使用，則大約一週以後即可能皆已忘光了。

然而，時間並非記憶遺忘的唯一因素，仍有其他影響記憶的因素，如壓抑、干擾、提存失敗等。人類的記憶容量，不管是感官、短期、長期等記憶，其容量皆是有限的。

此外，人類對於熟悉的事，也並非能牢牢記住；例如，每天傍晚皆看到夕陽，但你可曾記住哪一天的夕陽最美呢？大部分的人明明知道卻可能皆無法回答！此即「舌尖現象」。

因此，減少記憶負荷量，妥善運用各種有效策略，如「**雙代碼**」、「**諧音法**」、「**心像法**」、「**回憶法**」、「**降低干擾**」（減少或排除新輸入訊息的衝擊）等，則學生要達到「一目十行」或「過目不忘」並非是一種遙不可及的夢想。

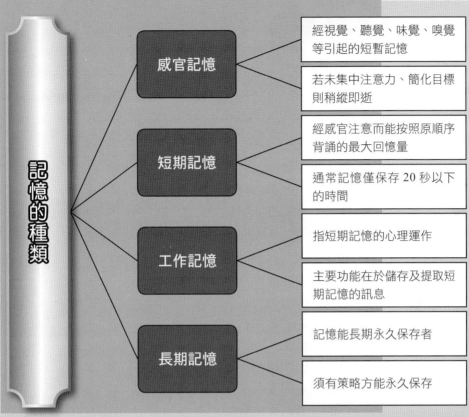

記憶的種類

感官記憶
- 經視覺、聽覺、味覺、嗅覺等引起的短暫記憶
- 若未集中注意力、簡化目標則稍縱即逝

短期記憶
- 經感官注意而能按照原順序背誦的最大回憶量
- 通常記憶僅保存 20 秒以下的時間

工作記憶
- 指短期記憶的心理運作
- 主要功能在於儲存及提取短期記憶的訊息

長期記憶
- 記憶能長期永久保存者
- 須有策略方能永久保存

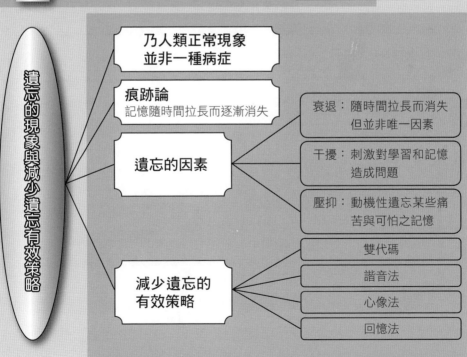

遺忘的現象與減少遺忘有效策略

乃人類正常現象並非一種病症

痕跡論
記憶隨時間拉長而逐漸消失

遺忘的因素
- 衰退：隨時間拉長而消失但並非唯一因素
- 干擾：刺激對學習和記憶造成問題
- 壓抑：動機性遺忘某些痛苦與可怕之記憶

減少遺忘的有效策略
- 雙代碼
- 諧音法
- 心像法
- 回憶法

UNIT 8-2
突破「神祕的七加減二」的限制

一、Miller 神祕的七加減二

心理學家很早以前，即對於一般人置身於環境中，經由感官的注意、察覺、辨識與記憶等內在心理活動歷程，在極短的瞬息之下可以記憶的最大數量是多少（如一瞬間能記得幾個阿拉伯數字），一直存在著相當的好奇心。這個答案直到美國的心理學家 Miller（米勒）於 1956 年所進行的研究中，終於正式被發現了。

Miller（1956）的研究指出，一般人在一瞥的情況之下，通常只能記下七位數字，此即「神祕的七，加減二」的由來。而七個項目所指為何呢？其可以是七個阿拉伯數字、七個英文字母、七個國家名稱或七個地名等，但七個項目之間不能有任何關聯，以免產生干擾現象。換言之，人類在語文學習的短期記憶容量的平均數是七位，其個別差異的上、下限為二位數字，因此最大容量的區間則介於五位和九位數字之間。而此記憶的區間在心理學上，通常稱為「記憶廣度」（memory span）或「認知廣度」（cognitive span）。

一般而言，人類對知識或概念的學習只能靠短期記憶，長期記憶通常只負責知識的儲存而已，並不負責新知識的學習。因此，學習者要達到「一目十行」或「過目不忘」的學習效果，若能突破短期記憶容量的限制，其實並非是一種夢想！

二、突破短期記憶的限制

當人邁入中年以後，即開始有記憶減退之事發生，例如記憶過許多的人名，但卻一時之間忽然怎麼樣也想不起來。然而，排除因年齡而產生記憶減退的原因之外，如何突破短期記憶的限制，提升或增進記憶乃許多人夢寐以求的事。

人類短期記憶知識的容量雖然有其限制，但因短期記憶在處理知識訊息時，若能對訊息特徵予以特別留意，如經由自由聯想而賦予特殊的意義，並即時在心理上來回運作思考，加深對訊息的印象，則能發揮「工作記憶」的功能，而可以突破短期記憶容量的限制。

因此，要突破短期記憶容量的限制，必須將所接收多個不同的小意元（chunks）訊息，聯想並賦予特定意義，以集合成大意元，接著再以大意元為單位來記憶，而此即發揮「意元集組」（chunking）作用，因而能在有限的時間內，突破七的限制。例如「後覺」的英文單字 aftersensation 總共有 14 字母，並不太容易記憶，若將其拆成 after 和 sensation 二個有意義的字，就相當容易記憶了。

圖解教學原理與設計

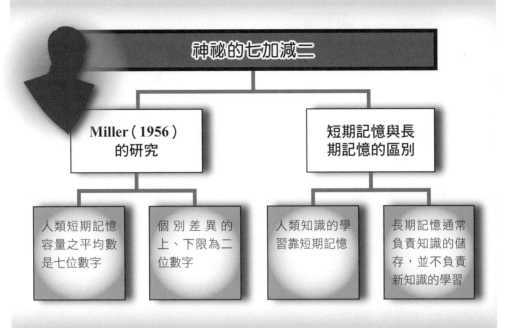

193

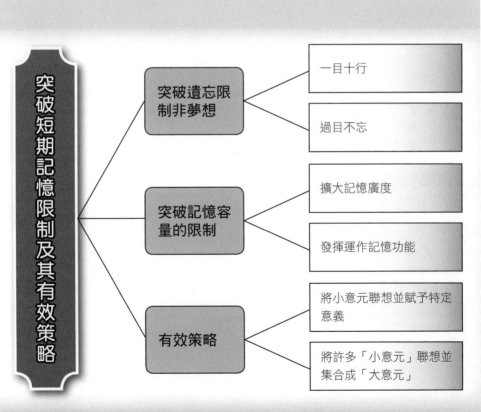

UNIT 8-3
有效運用編碼、儲存和檢索策略

一、前言

學習要儘量減少遺忘，並努力增進記憶的數量，則才能達到高效能的學習。而任何一種知識的記憶，皆需經過編碼、儲存和檢索等三個歷程。

二、編碼

編碼係指將感官所接收刺激的物理特徵，經由心理運作過程，轉換成抽象的形式，以記憶儲存，並供日後提取的心理表徵。其策略如關鍵字法、雙代碼（形碼或意碼、聲碼或形碼）、多重編碼、特定情境原則（運用觸景生情的原理）、軌跡法、複述法、回憶法、組織法、意義化等。

三、儲存

儲存係指將編碼的訊息，保留於長期記憶中。訊息儲存與中樞神經有關，不同性質的訊息與大腦皮質各部位功能有關。長期記憶可分為程序性記憶（具有先後順序之知識）與陳述性記憶（指事實、概念、原則之知識）。前者重參與實作，後者偏重認知。

因此，減少大腦記憶儲存資料的干擾，不管是新經驗干擾了舊經驗記憶的倒攝抑制，或舊經驗干擾了新學習記憶的順攝抑制，皆能增進長期記憶的儲存。

四、檢索

檢索係指在必要時，將儲存在長期記憶中的訊息，取出應用的心理歷程。換言之，即將編碼後儲存記憶中之訊息，再經過心理運作的解碼過程，使之還原為編碼前的形式。

五、降低長期記憶受干擾的方法

當學生進行學習時，要避免長期記憶受到外在的扭曲或干擾，可運用的有效方法如下：

1. **強調重點**：上課學習或複習教材時，在重點之處標示紅線或附加注記星號（提示哪幾頁很重要），以收提綱挈領之效果。

2. **定時複習**：固定複習以對抗遺忘，即將所學習過的知識，可於每天或每週的固定時間進行複習工作，乃促使學習內容或知識由短期記憶變成長期記憶的有效方法。所以考試前的複習雖臨時抱佛腳，但「臨陣磨槍不亮也光」。

3. **專注或集中注意力**：進行學習時，儘可能避免外在噪音的刺激或干擾，以吸引感官的注意力，可以有效提高學生的學習效果。

4. **運用多重編碼策略**：要使記憶從短期記憶進入長期記憶，應將學習的內容或知識進行有意義的組合，掌握先聲碼（acoustic code）再形碼（visual code）與意碼（semantic code），即能使知識記憶的工作，順利從短期記憶到長期記憶。

知識記憶的過程

編碼 → 儲存 → 檢索

編碼的歷程

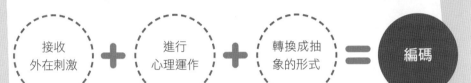

接收外在刺激 ＋ 進行心理運作 ＋ 轉換成抽象的形式 ＝ 編碼

儲存的歷程

編碼的訊息 ＋ 進入長期記憶 ＝ 儲存

檢索的歷程

所儲存記憶的訊息 ＋ 心理運作的解碼過程 ＋ 還原為編碼前的形式 ＝ 檢索

UNIT 8-4
由「閱讀」變成「悅讀」再到「越讀」(1)

一、閱讀對學習的重要性

閱讀的廣度、深度與多元視野，乃新世紀必備的「軟實力」。透過大量文字閱讀，可以加強知識與經驗的連結，讀出無限的可能。文字之美的可貴之處，即在於充滿各種的幻想與想像。換言之，在閱讀中，經由尋尋覓覓的過程，可有效促進知識與知識、知識與經驗之間更緊密的關聯性。

然而，要由「閱讀」變成「悅讀」再到「越讀」，進行閱讀的三次方，並非那麼容易，其必須有循序漸進的方法，才能使閱讀成為永續及終身之事。

二、有效閱讀方法

閱讀必須有方法，才能避免「身處五里霧，見樹不見林」的窘況，及達到事半功倍之效。而有效的閱讀策略相當多，茲舉常用的三種方法說明如下：

(一)SQ3R

SQ3R 係由美國的心理學家羅賓森（Robinson）提出，乃屬於典型的上下雙向之閱讀模式。茲將其分別說明如下：

1. **瀏覽**（Survey, S）：指預先掃瞄式地略讀一次，以獲得初步概略認知。
2. **質疑**（Question, Q）：指瀏覽時粗略記下疑問之處，留待以下閱讀時再逐一尋找答案。
3. **閱讀**（Reading, R）：係指從頭開始逐一仔細進行閱讀。

4. **記誦**（Recite, R）：係指隨讀隨記或邊讀邊記，以利從短期記憶輸入到長期記憶儲存。
5. **複習**（Review, R）：指最後再整個通盤整理，已理解者再加深記憶保持之，未理解者可重新再次閱讀。

後來 Robinson 又於第三與第四步驟之間加上反映（reflect, R）一項，以特別強調閱讀時，閱讀者內心的思維活動，而成為後來的 SQ4R 之讀書策略。

(二)PQRST

PQRST 係由美國心理學家史塔頓（Thomas F. Staton）提出，茲將其閱讀的五個步驟，分別說明如下：

1. **預覽**（Preview, P）：指快速地閱覽教材，即預先瀏覽要學習的內容。
2. **發問**（Question, Q）：指發問，即經概略瀏覽後，問自己從預覽學習內容中學到什麼？其次，經預覽後提出的重點及問題是什麼？
3. **閱讀**（Read, R）：指以精讀的方式研讀內容，以理解其中概念及確認知識。
4. **自述**（Self-recitation, S）：指用自己的話將閱讀重點重述一遍，並且嘗試回答章節後所預設之問題。
5. **測驗**（Test, T）：指自我測試，以了解是否已經熟稔、明白、了解學習之事物。

圖解教學原理與設計

SQ3R 的有效閱讀方法

瀏覽 （survey）	・預先掃瞄式略讀（即先看一次） ・獲得初步的概略認知
質疑 （question）	・粗略記下瀏覽時的疑問（質疑內容） ・待閱讀時再尋找答案
閱讀 （reading）	・從頭開始仔細進行閱讀 ・逐一尋找疑問的答案
記誦 （recite）	・隨讀隨記或邊讀邊記 ・以利從短期記憶輸入到長期記憶儲存
複習 （review）	・最後再整個通盤整理閱讀 ・已理解者再加深記憶保持之，未理解者重新再閱讀

有效的「閱讀」方法

SQ3R	SQ4R	PQRST	MURDER 合作學習法

UNIT **8-5**
由「閱讀」變成「悅讀」再到「越讀」(2)

(三)**MURDER** 合作學習法

　　Dansereau（1988）提出 MURDER 合作學習法，屬於後設認知策略之一，強調學生已經由被動的知識接受者（或容器），變成主動的閱讀或學習建構者。

　　在 MURDER 合作學習法中，先請每位學生閱讀教材內容，並以二人為一小組，由甲生負責記憶和口述教材重點，而乙生則擔任催化者、聆聽者與回饋者，以糾正甲生回憶內容的錯誤之處，並促進學習教材的連結。以下，分別將其六個步驟說明如下：

1. **準備**（Mood, M）：指調整閱讀的心情，以為閱讀或學習預作準備。

2. **理解**（Understand, U）：係指閱讀時，要能發現與澄清問題，並進一步深入理解問題，才是有效閱讀的重點。

3. **回憶**（Recall, R）：係指教師示範記憶的策略，並鼓勵學生發展屬於自己的記憶策略，以促進有效的記憶與學習。

4. **檢查**（Detect, D）：係指讓學生對閱讀的內容進行概括的理解，並進行類推或比較，讓學生記憶學習，以便有更深層的理解或內化成知識結構。

5. **推敲**（Elaborate, E）：係指協助學生運用批判、推理或創意思考等方式，來擴充學生的閱讀或學習之經驗。

6. **複習**（Review, R）：係指學生運用自我監控和自我修正，以對閱讀的教材進行反省、思考和複習。

三、促進悅讀的有效方法

　　要激發學生「悅讀」，有許多可行的方法，如「**提供低年級學生閱讀繪本書籍**」、「**營造溫馨、舒適、充滿各種書籍的閱覽室**」、「**進行親子或師生互動式閱讀**」、「**善用獎勵制度開展學生閱讀的潛能**」、「**建立閱讀創作園地**」、「**提供好書資訊分享**」等，讓閱讀成為學生的良好習慣，不再為了閱讀而閱讀，而是為了自己而「悅」讀。

四、讓閱讀變成愈來愈有趣

　　如何讓學生感受閱讀是愈來愈有趣，並持續超越地進行閱讀，而非愈來愈痛苦之事，並非簡單之事。如學校可推動晨讀 10 分鐘，透過「**點、線、面分階段**」的方式，進行廣泛多元化的閱讀，並兼顧「**高階的、低階的和趣味的**」閱讀思考，則可有效塑造學生閱讀習慣，並積極提升閱讀的興趣。其次，教師可指導學生以「**SQ3R**」、「**SQ4R**」等方法進行閱讀，協助讓學生掌握閱讀的內容，經過日積月累之後，自然會領悟閱讀是一件非常很有趣之事。

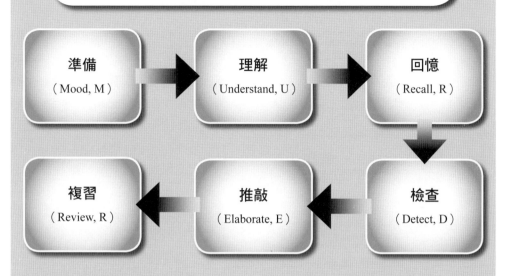

MURDER 合作學習法

準備 （Mood, M）	→	理解 （Understand, U）	→	回憶 （Recall, R）

| 複習
（Review, R） | ← | 推敲
（Elaborate, E） | ← | 檢查
（Detect, D） |

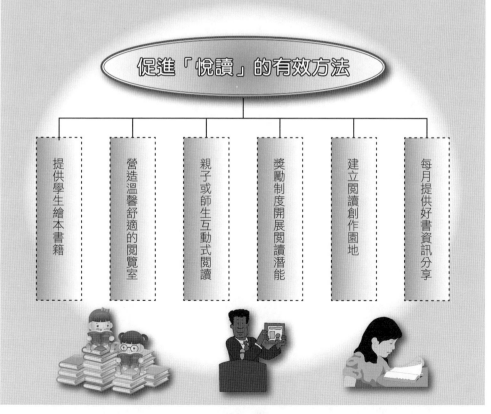

促進「悅讀」的有效方法

- 提供學生繪本書籍
- 營造溫馨舒適的閱覽室
- 親子或師生互動式閱讀
- 獎勵制度開展閱讀潛能
- 建立閱讀創作園地
- 每月提供好書資訊分享

UNIT 8-6
吸取 Dale 學習經驗金字塔的優點

一、Dale 學習經驗金字塔的意義

　　戴爾（Edgar Dale）於 1954 年出版的《視聽教學法》書中指出，兒童要進行有效的學習，應該先由具體的經驗而逐漸循序至抽象思考，教學也應提供學生直接的學習經驗（direct learning experience），經由直接、有目的、明確、具體、生動活潑的教學過程與經驗，則能有效引起學生高昂的學習興趣，並獲得較佳的學習效果。

　　因此，教師於規劃教學時，若能善用戴爾的經驗塔學習理論，妥善規劃具體的、可操作的情境學習之教學內容，如帶學生至戶外進行體驗學習、自然科學讓學生進行實驗操作、認知領域的語文或數學領域之學習採用同儕互動或協同合作方式進行，不但可有效提升學習效果，也對學生的記憶學習效果將會有很大的助益。

二、體驗學習的理論支持

　　體驗學習能提供學生具體的學習經驗，具有扮演有效及高效能學習的中介角色功能。從多位學者的論述，更可窺知及證明之。

　　首先，課程理論學者認為，體驗學習乃個體透過感官的直接參與、接觸體驗，而進行建構知識、獲得技能的有效學習方式（Pinar, Reynolds, Slattery & Taubman, 1995）。

　　其次，Bruner（1963）的發現式教學法也主張，教師應在實際的教學情境中，設計有利於學生發現各種結構之間關聯性的脈絡情境。即引導經由觀察、發現問題與事實真相，比傳統、直接知識灌輸更具有教學效果。

　　另外，Piaget 的認知論主張人的認知發展過程可分為四期，其中第三期的具體運思期（7 至 11 歲），恰好是小學階段，學生的認知發展學習即需要藉由具體實物以幫助思考及建議知識概念，而戶外教學的體驗學習活動，即提供具體的實物和情境脈絡；因此，從認知發展的理論來說，戶外的體驗學習恰能滿足與符合學生的學習需求。

　　最後，從 1980 年代的建構主義來看體驗學習，建構主義者主張學生乃學習的主角，教師居於協助者，知識建構應由具備認知能力的學習者主動進行建構，而非被動接受。認知功能是用來組織學習者所經歷的事物或經驗，因此戶外的體驗學習強調應讓學習者實際到戶外進行觀察、探索、體驗、發現、實踐等過程，進而思考其中的邏輯與關聯性，並鼓勵學習者在其心智中建構與組織屬於自己的知識體系，而此乃符合建構主義的要求。

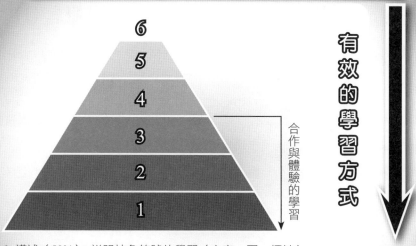

戴爾（Edgar Dale）的學習經驗金字塔

有效的學習方式

合作與體驗的學習

6. 講述（50%）：説明抽象符號的學習（文字、圖、標誌）
5. 閱讀（10%）：引導學生閱讀書面的文字教材內容
4. 視聽（20%）：經由視聽器材獲得的經驗（圖表、電影、錄音帶、錄影帶等）
3. 示範（30%）：模型或設計獲得的經驗（展覽、展示、模型）
2. 從做中學（75%）：觀察的體驗（觀看示範或操作表演）
1. 教導（90%）：直接的、有目標的體驗（實際參與實踐行動）

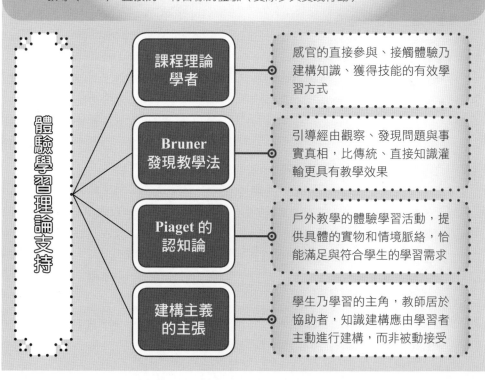

體驗學習理論支持

課程理論學者	感官的直接參與、接觸體驗乃建構知識、獲得技能的有效學習方式
Bruner 發現教學法	引導經由觀察、發現問題與事實真相，比傳統、直接知識灌輸更具有教學效果
Piaget 的認知論	戶外教學的體驗學習活動，提供具體的實物和情境脈絡，恰能滿足與符合學生的學習需求
建構主義的主張	學生乃學習的主角，教師居於協助者，知識建構應由學習者主動進行建構，而非被動接受

UNIT **8-7**
善用概念構圖以獲得具體的知識概念 (1)

一、概念構圖是什麼

　　Novak 和 Gowin（1984）根據美國心理學家 Ausubel（1963）的認知同化學習理論，而發展出概念構圖，他們認為概念構圖係指一種圖示策略，將各種概念以命題形式來表徵概念之間有意義的關係。

　　Novak 和 Gowin（1984）所提出的概念構圖，乃透過概念之間的連結，賦予命題的意義性，並以上、下階層式的排列方式，形成一個代表學習者知識體系的圖形。因此，概念構圖包含幾個特質；首先，以「**圖形**」呈現概念；其次，以「**有意義的連結**」呈現概念；第三，以「**命題架構**」呈現概念等。

二、概念構圖的功能

　　許多教師皆有經驗，將概念構圖融入於教學活動中，可以加強學生學習的認知、理解與記憶，並能協助學生獲得統整的概念學習。

　　教學若能透過一些簡要的概念構圖，連結各個基本知識結構和概念之間的關係，有助於促成學生腦海中新舊知識的網絡連結，並促進對新學習材料的記憶與理解，而形成有意義的概念學習。換言之，教師應用概念構圖的階層化、具體化或結構化表徵，乃有效協助學生對其所學習的概念產生組織與連結，及促成學生有意義學習的重要關鍵。

　　Novak 和 Gowin（1984）指出，概念構圖除具有圖形表徵特性外，並具有下列三個功能：

1. 使學生與教師清楚地了解學習教材之重點為何。
2. 提供視覺路徑圖（visual road map），協助學生透過這些路徑圖將概念連結成命題。
3. 學生於學習告一段落後，可使用概念構圖將學習內容做成摘要。

　　其次，余民寧（1997）認為，概念構圖的應用，則在於彰顯「**提綱挈領**」（advance organizer）、「**含攝學習**」（subsumption）、「**層級學習**」（superordinate learning）、「**漸進分化**」（progressive differentiation）及「**統整調合**」（integration recilliation）等。

　　另外，吳裕聖（2008）指出，概念構圖提供一種有別於傳統條列式的訊息處理法，它以二維的視覺圖解來組織和整合訊息，有助於發展學生「**學習如何去學習**」的能力。

　　因此，概念構圖的對教學與學習的功能是相當多元的，而其在概念、連結、命題、交叉連結及連結語等方面，對學生而言並非機械式學習；所以，概念構圖的最大功能，不僅可以當作「**教學與學習的工具**」，亦可以作為一種「**有效的學習策略**」。

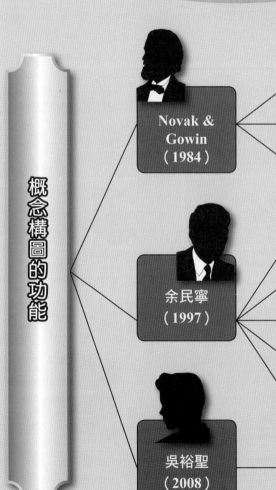

概念構圖是什麼

以「圖形」呈現概念

以「有意義的連結」呈現概念

以「命題架構」呈現概念

概念構圖的功能

Novak & Gowin（1984）
- 使學生與教師清楚了解學習教材之重點
- 提供視覺路徑圖，協助學生將概念連結成命題
- 使用概念構圖將學習內容做成摘要

余民寧（1997）
- 提綱挈領（advance organi-zer）
- 含攝學習（subsumption）
- 層級學習（superordinate learning）
- 漸進分化（progressive differentiation）
- 統整調合（integration recilliation）

吳裕聖（2008）
- 有助發展學生「學習如何去學習」的能力

UNIT **8-8**
善用概念構圖以獲得具體的知識概念 (2)

三、概念構圖的種類

概念構圖的主要目的，在促進學生有效學習。而有關概念構圖的類型，相關的學者陸陸續續提出許多種類型（Gowin,1981; Novak & Gowin, 1984; Novak,1990; Tarquin & Walker, 1997）。茲舉「蛛網圖」（spider maps）、「鎖鏈圖」（chain maps）、「階層圖」（hierarchy maps）、「魚骨圖」、「fishbone diagram」、「心智圖」（mind mapping）等教學活動設計經常使用的類型為例，茲分別說明如下：

(一)蛛網圖

係以某一個概念或主題為中心，由內而外，逐漸擴散，以連結相關概念的圖；當繪製蛛網圖時，首先將相關的概念與細節列出，再依照概念的隸屬關係，依序先畫出最普遍的概念，再畫出最特殊的概念。如以我家的成員為例，我的家係主概念，次概念則包括爸爸、媽媽、哥哥、妹妹、弟弟和我等六個人，詳如右頁圖示。

(二)鎖鏈圖

通常鎖鏈圖係用來分析事件的「因－果」關係或發生的順序，也適合使用於思考問題的解決；常用來呈現程序性知識或檢視事件發生的過程，其最大的特色即以箭頭方向來表示事件之間的因果關係（Tarquin & Walker, 1997）。例如在小紅帽的故事中，其邏輯順序是「小紅帽」從「小木屋出發」，先「走到森林」裡，再「遇到大野狼」，而非遇到大野狼後，再走到森林，其鎖鏈圖如右頁所示。

然而鎖鏈圖通常亦可分成「正向」與「反向」兩種鎖鏈圖。如小明因坐姿不正確而變近視，小花則因用眼正確，保持適當距離而未近視，即為典型的正反兩種鎖鏈圖例子。

(三)階層圖

Novak 和 Gowin（1984）認為學習是雙向度的，他們要求學生應針對學習內容的概念先做階層性的分組和分類，分成「主概念」、「次概念」、「從屬概念」、「下位概念」等，並將相關概念透過線條做圖示連結，並加上連結語，如包含、有、分、例如等，以說明概念之間的關係並將所有概念組織成一個網狀結構圖。

例如，以「運動家精神」為主概念，次概念則可分成「君子之爭」和「小人之爭」，從屬概念則分別又可分成「公平競爭」、「勝不驕敗不餒」、「為達目的不擇手段」、「成者為王敗者為寇」等，其概念階層圖，如右頁所示。

因此，階層概念圖係根據主題或概念，把抽象性的概念安排最上層，較具體的概念則愈往下層編排，依不同類別的概念和從屬關係做適當的分類，並依其重要性，分別將主要概念與次要概念呈現在不同階層上。

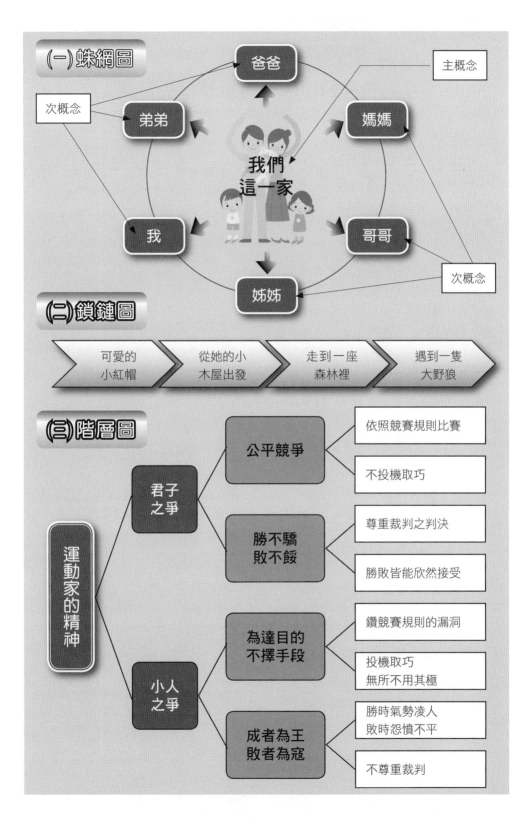

UNIT **8-9**
互為表裡的原因型與對策型魚骨圖

一、什麼是魚骨圖

「魚骨圖」（Cause & Effect / Fishbone Diagram）又名「石川圖」，源自日本管理大師石川馨。其乃經由分析、探討以發現根本問題的方法，也可稱為「因果圖」（中華百科，2012）。

當我們遇到的問題，不外乎係受到某些因素的影響，若使用某些方法找出影響問題的因素，並以相互關聯性及分層次整理，則能釐清問題及獲得相當條理清晰的概念。

而要找到這些問題的原因或對策，即可運用魚骨圖。一般來說，魚骨圖有三個層次，即問題主題（魚頭）、次因素（骨架），和次因素的原因（魚刺）。通常其可分成兩種類型，茲分別說明如下。

二、魚骨圖的類型

(一)原因型魚骨圖

當要尋找問題的原因時，即可使用原因型魚骨圖。通常魚頭在右邊，代表主要的問題（特徵值）通常以「Why?」來表示，魚骨則為主要原因，而魚刺代表次要原因。

要尋找學校少子化問題原因，則可用原因型魚骨圖。其原因可從「學生層面」、「教師層面」、「家長層面」、「學校特色」等層面（即魚骨）分析與思考；接著再從魚骨的各層面，分析思考解決策略（即魚刺）。其原因分析，詳如右圖原因型魚骨圖。

(二)對策型魚骨圖

若要尋找問題的對策時，即可用對策型魚骨圖。通常魚頭在左邊，代表主要問題（特徵值），通常以「How?」來表示。魚骨則為主要對策，而魚刺則代表次要對策。

要解決學校少子化問題的策略，即可用對策型魚骨圖。而其策略則可從「課程教學」、「行政管理」、「社區家長」、「學校特色」等層面（即魚骨）分析與思考；其次，再從魚骨的各層面，分析思考次要解決策略（即魚刺），詳如右圖對策型魚骨圖。

三、小結

分析魚骨圖原因或對策時，須遵循下列五個邏輯順序步驟：

1. 針對「問題主題」（魚頭），分析與選擇「次因素」（魚骨）的原因。

2. 運用腦力激盪法，針對「次因素之原因」（魚刺），進行分析探討以找出可能的原因。

3. 將所找出的原因進行分類整理，並確定其從屬關係。

4. 去蕪存菁，分析並選取某些最重要的因素。

5. 再次檢查與確認各個原因或對策描述的方式是否恰當，以確保文意簡單明確。

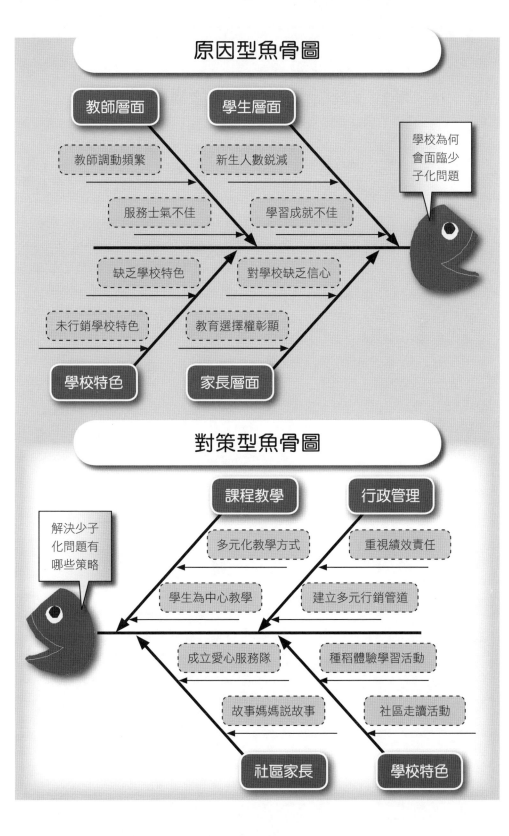

原因型魚骨圖

教師層面　　學生層面

學校為何
會面臨少
子化問題

教師調動頻繁　　新生人數銳減

服務士氣不佳　　學習成就不佳

缺乏學校特色　　對學校缺乏信心

未行銷學校特色　　教育選擇權彰顯

學校特色　　家長層面

對策型魚骨圖

課程教學　　行政管理

解決少子
化問題有
哪些策略

多元化教學方式　　重視績效責任

學生為中心教學　　建立多元行銷管道

成立愛心服務隊　　種稻體驗學習活動

故事媽媽說故事　　社區走讀活動

社區家長　　學校特色

UNIT **8-10**
整合完整概念的心智概念構圖

一、何謂心智概念構圖

　　心智概念構圖（mind mapping）係將一般人所獲得的各種資訊，組織在一株樹狀的結構圖上，而每一個分支皆寫上不同概念的關鍵字或短句，並將每個概念加以分類，而且有層次的分布在圖上。

　　心智概念構圖強調利用圖畫、文字、符號、形象……等多種的表現方式，把資訊以視覺的效果呈現出來。人腦的思維過程是文字、圖畫、情節、顏色、聲音、樂曲的複雜組合、利用學習地圖來呈現和捕捉課程內容的過程，相當符合人腦思考的自然運作情形（戴保羅譯，1999）。

　　在心智概念構圖上，充滿各種繽紛的色彩，琳瑯滿目的圖像，相當多元的關鍵字或短句，這樣的概念圖結合左右腦的功能，可以促進思考、記憶、分析及觸發靈感，使學習或工作變成一種藝術，而且一切的思考、分析的過程最後即呈現在所繪製的心智概念構圖之上。

二、如何繪製心智圖

　　心智圖非常有利於我們將複雜的概念、信息、數據進行系統化、統整化和邏輯化的組織，以清楚易懂的圖像視覺形式呈展在我們眼前。其繪製方法，大致有下列三個步驟：

1. 必須預先選擇某一個主題或問題為中心。
2. 其次，由中心主題或問題延伸其他的分支概念。
3. 第三，分支包含其他相關因素，並且相互連接。

　　由此可知，繪製心智概念構圖時，必須掌握一些主要的方法與步驟，即先由中心開始，再依次分別地從各分支逐漸往外擴散。

三、心智概念構圖有何優點

　　心智概念構圖對教學與學習具有相當多的優點，即能夠將某些核心概念與另一些概念組織起來，變成學生進行學習與思考時，大腦中所具體浮現的記憶圖像。茲將其所具有的優點，分別說明如下：

1. 非常簡單易懂，且很容易使用，即以一個問題或概念為中心，逐漸往外思維。
2. 強調概念之間的關聯性，概念與概念之間仍具有聯繫的關係。
3. 視覺化與圖像化，有助大腦的理解與記憶。
4. 呈線狀輻射分支圖，允許從各個不同方向分別展開工作。
5. 提綱挈領，有助於我們把握問題的關鍵，與彼此之間的聯繫。

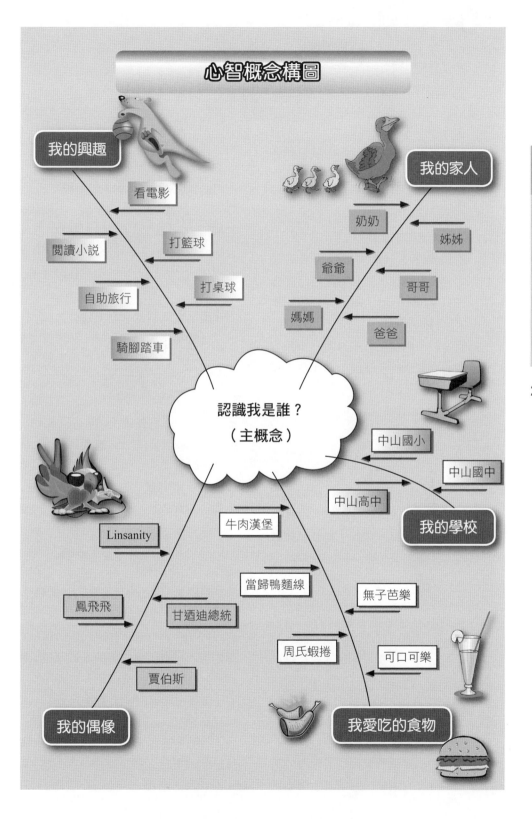

UNIT **8-11**
不同學科應使用不同的學習方法 (1)

一、學科知識屬性

在教學實務上，一位知識豐富的老師，不見得是一位很會教的老師；一位很會教的老師，也不見得是一位知識豐富的老師；此即涉及教師對學科教學知識的掌握與理解程度。

柏拉圖認為，掌握知識的關鍵在細節部分，而智慧思考和言論乃建立於學科內容（subject matter）的細節知識（detailed knowledge）之上。換言之，不同的學科領域或學習領域，有不同的知識細節思維與分類結構，因而有不同屬性的知識特性。

亞里斯多德曾說，不同知識領域「善」（good）的表徵，不可能皆還原為共通領域「善」的表徵。通常可將知識分成「事實性」、「程序性」、「後設認知」等四種不同屬性或類型的知識。Shulman（1987）指出，每種學科知識領域，皆有不同的學科教學知識（pedagogical content knowledge, PCK），甚至也有不同的特性、不同的語言和不同研究取向。

教師若充實及擁有豐富的知識表徵，並掌握不同學科領域的知識概念屬性，且善於活化知識表徵及進行知識的轉化與實踐，則能協助學生建構完整而有意義的知識學習概念。

二、不同學科要用不同方法

學科教學知識即教師建構教學的基本單位集合。高效能的教師若能清晰掌握建構教學基本單位的學科知識內容，並依照不同學科領域知識屬性，使用不同的有效教學策略將其轉化給學生，則能協助學生達成有效的學習目標。

從上述的說明即可了解，不同學科領域擁有不同的知識結構與思維，因此教師面對不同學科領域，即應採用不同的教學方法；以下，分別舉幾個領域說明如下：

(一)英語文學科的學習方法

一般英文教師在教學生記憶英文單字時，可能只會教學生以口頭死記、死背的方式及以依樣畫葫蘆來記憶而已。

然而，高效能教師則會善用「**雙代碼**」策略，掌握**聲碼**（acoustic code）、**形碼**（visual code）、**意碼**（semantic code）的原理，並輔以「**諧音法**」、「**圖像法**」、「**聯想法**」等方式，先提示中文或圖片，再教學生寫英文單字；或老師提示英文單字及英文念法之聲音，輔以出現中文或圖片。如將單字融合諧音法、圖像記憶法，變成生動、活潑、有趣的生活化語言，協助學生將單字記得更牢、更久，而且把學習當成是快樂之事。

例如，pillow－枕頭，教師可以教導學生「記者披露的證據，就藏在枕頭裡」，再輔以記者披露事件之圖像；其中「披露」即 pillow 之諧音，「枕頭」即中文意思。又如，bride－新娘，可教學生「落跑新娘，不賴哦」，輔以呈現新娘落跑並被稱讚之圖像；其中「新娘」即 bride 中文之意義，「不賴」即其諧音。

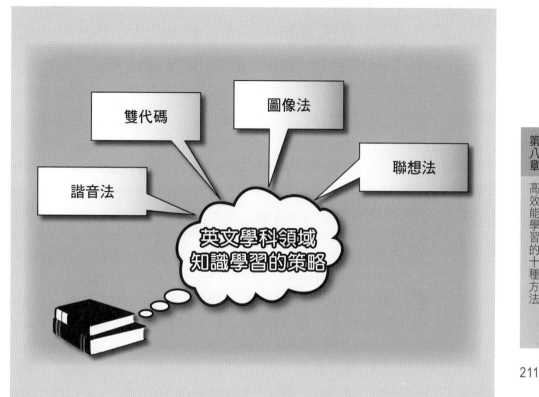

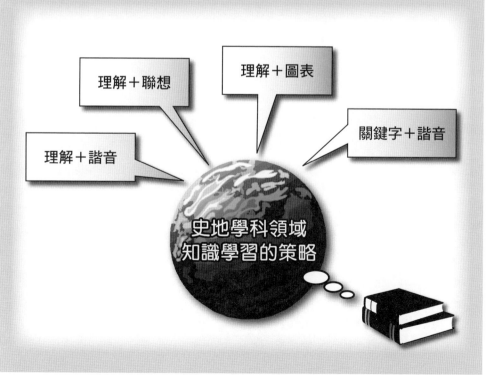

UNIT **8-12**
不同學科應使用不同的學習方法 (2)

(二) 史地學科的學習方法

通常史地學科領域的知識，屬於事實性知識，強調應先對事實或事件的理解，才能促進學習內容的連結及有效學習與記憶。因此，教師若要加強學生對事實或事件內容與意義的連結，應讓學生充分理解之後再進行記憶與學習，則比較容易記住。

例如，孔子逝世於西元前 479 年，可先講述孔子重要生平史事，並以「諧音法」教導學生，孔子已經「死去很久了」（479 諧音），以「諧音」和「附加意義」的方式，則學生自然能記得久；又如日本富士山海拔的高度為 12365 英尺，可教學生把富士山的高度與一年有 12 個月和 365 天聯想在一起，以幫助記憶。

其次，應用「關鍵字」和「諧音法」進行高效能學習，如宋朝有哪些皇帝？可教導學生「宋太真仁英，神哲之後徽欽行」，則宋朝之皇帝即包括宋太宗、宋真宗、宋仁宗、宋英宗、宋神宗、宋哲宗、宋徽宗、宋欽宗等。此即運用關鍵字和諧音法，來加強學生學習與記憶。

另外，學習地理時若能適時配合各種地圖或圖表，不但能增進理解也能幫助記憶並產生深刻的印象。

(三) 數學學科的學習方法

數學的學科領域係一門工具領域學科或基礎領域學科，屬於比較抽象的、邏輯的，且難以理解的知識。

數學包含許多抽象的「數學符號」和「數學概念」，其乃學習數學的重要基礎，教師要妥善引導學生建立正確的數學概念，才能確實理解並有效學習數學概念與知識。

教師在教學過程中，若能將艱深難懂及枯燥乏味的數學，輔以「**圖解**」、「**數線**」、「**動畫**」、「**遊戲**」、「**帶動唱**」、「**故事法**」、「**口訣**」、「**歌謠**」或「**順口溜**」等方式，轉化為具條理與系統化的數學，成為易懂、易記、易理解與易聯想的教材內容，則能有效協助學生理解、熟記及建立數學概念和知識。

例如，以「故事法」為例，當數學教師在教「梯型公式」或「1 + 2 + 3…… + 100 = ？」時，不妨先說個高斯的故事：「有一天數學家高斯的老師，因為教學生學習數學教得相當厭煩，而想偷懶並休息一下，因而故意出個難題考驗學生，請問：『1 + 2 + 3…… + 100 = ？』，當老師出完問題以後，覺得很愜意，心想這下子學生一定算不出來且一定要算很久，於是休息一下…… 想不到這時候連一分鐘都未到，高斯卻回答老師正確答案 5050…… 」，類似這樣的故事讓數學變得生動活潑，則可增加學生的學習興趣，有效促成學生學習的記憶連結。

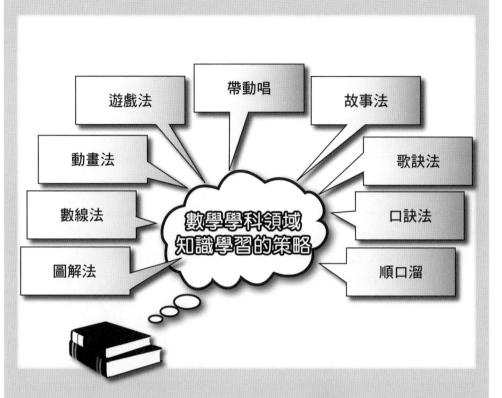

學習的弔詭現象

　　一般人可能會認為「高效能學習者＝記憶能力佳＝學習能力好＝天資聰明者」，然而事實真的如此嗎？此一弔詭的迷思現象，相信大多數人皆感到懷疑與好奇。

　　其實，學習問題的重點，不在於「學了多少？」大腦「記住了什麼？」「知道得更快！」

　　學習的重點應強調讓學生（或孩子）知道「如何學習」（How to learn），應該比了解「學習什麼」（What to learn）還來得更重要。

UNIT 8-13
引導學生善用後設認知學習策略

一、後設認知是什麼

後設認知（metacognition）係指學生對自己認知過程的思考，即學生知道其本身的認知機制及如何運作的過程。後設認知通常與「knowledge about knowledge」（知識的知識）、「knowing about knowing」「知何以為知」、「thinking about thinking」（思考的思考）或「cognition about cognition」（認知的認知）等意相似。

John Flavell 是「後設認知」理論的創始者，其於 1970 年代最先使用「metacognition」一詞。後設認知的學習乃個體控制及引導心智歷程之現象。通常後設認知可以分成「顯性」（explicit）和「隱性」（implicit）兩類。

後設認知到底是如何產生的？是自然發生或後天學習而得？或兩者兼而有之呢？學者看法相當分歧。

二、後設認知學習的重要性

後設認知學習的重要性，即教師應協助學生主動統整學習相關的概念或知識，了解或監控自己的學習情形，並成為學習活動中的主角。

因此，教師在教學歷程中，應協助學生成為建構知識者的主角，教導學生產生後設認知的知識，啟發學生後設認知的經驗，並進行後設認知策略的教學，以幫助學生成為自動自發及有效率的學習者。

三、後設認知的類型

Flavell（1976）將後設認知區分為「後設認知的知識」（metacognitive knowledge）、「後設認知的經驗」（metacognitive experience）和「後設認知的策略」（metacognitive actions or strategies）等三種，茲分別說明如下：

(一) 後設認知的知識

即學生個人擁有其認知歷程中已存有之可述的、穩定的知識；即「知人」（指認識自己，了解別人，知己知彼）、「知事」（指判斷事務之難易及辨別事理之對錯）和「知術」（指以隨機應變及採適當方法處理問題）等三種後設認知的知識。

(二) 後設認知的經驗

係指知之後的經驗感，即「心得」或「教訓」。如知道自己何時知道或是否知道，而最明顯的外顯行為即覺察而豁然明白的驚喜，如「Ya！」、「That right！」。

(三) 後設認知的策略

後設認知的策略係指因應時機需要，評估或監控使用的方法是否求新求變的能力，及預測與設計是否適應未來的能力，與「苟日新，日日新，又日新」有異曲同工之妙。

認知策略和後設認知的策略彼此相互影響，其差異在於前者指致力完成目標的內在過程；後者則指監控認知策略的過程。

knowledge about knowledge
（知識的知識）

knowing about knowing
（知何以為知）

thinking about thinking
（思考的思考）

cognition about cognition
（認知的認知）

後設認知的概念
（metacognition）

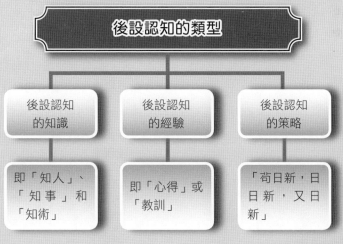

後設認知的類型

後設認知
的知識

後設認知
的經驗

後設認知
的策略

即「知人」、
「知事」和
「知術」

即「心得」或
「教訓」

「苟日新，日
日新，又日
新」

UNIT 8-14
不懂的打破砂鍋也要問到底

一、「問」是什麼

「「問」即「發問」，通常是指學生對於心中的懷疑或疑問，運用語言或文字的「問與答」的方式，表達出自己的感情、思想、看法或意志等之途徑或方式。

「善問者如撞鐘」，發問是好奇的開端，心中思想的起源，促進學生思考發展的良方。讀書或閱讀時，不能不求甚解，不懂的打破砂鍋也要問到底，要做一個好問的人，甚至要不恥下問，則心中的疑惑才能獲得解謎。

不論東、西方，發問乃教師最常使用的一種方法。一切知識的獲得，皆從發問而來；驚人見解、新的發明、新的創造，也肇始於發問。勇於發問、勤於發問的人，則頭腦自然日益靈光，眼光自然日益敏銳。

歸納言之，問即可說是「釋疑」、「解謎」、「撞鐘」、「思考」等概念。

二、問的重要

學生進行發問，可以有效增進擴散性與收斂性的思考，提高學習成就感、自我效能感和學習成就動機；但不適當發問，亦足以斲喪自信心，造成思想觀念偏差，增加學習的挫折感。

「知之為知之，不知為不知，是知也。」當不確定問題的答案時，不應勉強假裝知道；另外，發問也有若干缺點，如容易因學生回答意願低落或未能回答問題時而有冷場的現象；另外，比較忽略知識記憶與理解，對於低成就學生比較無法適應，也容易耗費蒐集與分析的時間等。

三、如何問得更漂亮

學生應善用各種發問的策略，如使用開放性問題、高層次思考問題、問題符合學生的經驗與能力、充分時間讓學生思考、簡單扼要的敘述、善用正增強方法、降低問題難度等，才能使發問達到更佳的效果。

至於發問的方法，通常有數十種，茲舉**屬性列舉法**（特性列舉法）、**優點列舉法**、**缺點列舉法**、**希望列舉法**、**指出途徑**、**詳列用途**、**替換取代**、**類推隱喻**、**假設想像**、**突破成規**等十種方法（陳龍安，2006；張世慧，2007），詳情請看下一單元。

圖解教學原理與設計

孔子與「問」有關的言論

1. 論語・公冶長篇——子貢問曰：「孔文子何以謂之文也？」子曰：「敏而好學，不恥下問，是以謂之文也。」

2. 論語・為政篇——子曰：「學而不思則罔，思而不學則殆。」

3. 論語・為政篇——子曰：「由！誨女知之乎？知之為知之，不知為不知，是知也。」

4. 論語・雍也第十八篇——子曰：「知之者不如好之者，好之者不如樂之者。」

5. 論語・八佾第三篇——子入太廟，每事問。或曰：「孰謂鄹人之子知禮乎？入太廟，每事問。」子聞之曰：「是禮也。」

小博士的解說

UNIT **8-15**
熟悉及運用十大發問的方法

一、屬性列舉法

屬性列舉法也稱特性列舉法，此種發問方法，強調對事物或問題的特性或屬性進行觀察和分析，並提出若干改變的構想或可能性。例如「哪些食物含有蛋白質？」「民俗童玩有哪些？」「哪些食物含有高熱量？」等。

二、優點列舉法

係將事物的優點逐一列出，以探討解決問題和改善的方法。例如「玻璃有什麼優點？」「多喝水的好處是什麼？」「多吃蔬果有何益處？」等。

三、缺點列舉法

缺點列舉法乃將事物的不足或缺點之處逐一列出的方法，以探討解決問題和改善的方法。如「玻璃有什麼缺點？」「吃油炸物有何壞處？」等。

四、希望列舉法

係指不斷針對問題或現況，提出「希望」或「如何更好」的理想或期望，以探求解決問題的方法。例如「如何讓運動場積水排得更快速？」「數學如何獲得更高的分數？」等。

五、指出途徑

係指針對待解決問題，或已存在之問題，進行分析思考，並提出若干可能的有效解決策略。例如「有效的讀書方法有哪些？」

六、詳列用途

詳列用途係指針對已存在事物的功能或用途，進行分析思考，並將其功能或用途逐一列出。例如「車子有何功用？」「電腦有何用途？」等。

七、替換取代

係指用其他語詞、觀念或方法，取代既有的想法或方式。例如「古人沒有紙，可以用什麼來寫字？」「放羊的孩子可用什麼題目替換？」等。

八、類推隱喻

係指將兩件的人、事、物或觀念進行「直接類推」、「狂想類推」或「壓縮」，以產生新觀念或新奇想法。如「老師和園丁的工作有何相似之處？」「夕陽西下與斷腸人，有何相關？」

九、假設想像

係指學生充分運用想像力，想像未來可能的發展或演變情況。例如「想想看 2070 年的人會是怎麼樣？」「假如你中樂透了，會怎樣做？」等。

十、突破成規

係指提出異於過去習慣思考或經驗的想法、方法或策略；經常以突破成規進行發問，可有效激發與靈活認知思考的潛能。例如「結婚一定要按照禮俗嗎？」「學科成績一定要用考試來評量嗎？」等。

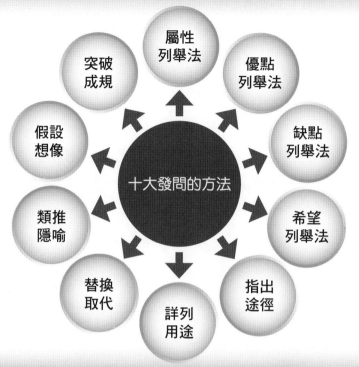

福樂經驗（flow experience）

　　學習興趣和快樂成功學習必然緊密相連，要提高學生的學習興趣，首要任務即要使他嘗到成功的滋味，即不斷創造學習的福樂經驗。要使學生產生學習的福樂經驗，則必須注意下列幾件事情：

1. 提供適性化和吸引學習的教材，當教材內容太難或太艱深，當然不喜歡學習。
2. 掌握學習心理原則，因應個別差異，教材呈現掌握「由淺而深」、「由易而難」、「由簡而繁」、「由近而遠」等學習心理原則。
3. 父母或教師應有適當的教育期望，善用比馬龍效應，則可創造學生學習的福樂經驗。
4. 教學輔以「雙代碼」、「心像法」、「回憶法」、「圖像法」等原理，減少各種學習干擾問題，掌握先聲碼再形碼或意碼，或聲碼、形碼、意碼三者同時出現，必能有效激發學生學習的福樂經驗。

UNIT 8-16
再創造學習高峰經驗的驚嘆號

一、高峰經驗是什麼

「高峰經驗」（peak experience）係 Maslow「需求層次論」所使用的名詞，係指個體追求自我實現過程中，經由長期思索過程，突然感受一種達到頂峰、超越或跨越時空，而促進自我心靈獲得完美的滿足感，此即所謂的高峰經驗。

學習的高峰經驗，乃藏諸個人心理的精神或狀態，只可意會而不可言傳的愉悅、高興、滿足的成就感。例如，歷經多年苦讀準備職場考試，且屢次失敗後，最後終於獲得金榜題名，此時所呈現的高度成就感，即高峰經驗的最佳表現。

二、人人皆想擁有學習的高峰

受到「升學主義」與「智育主義」掛帥之影響，一般家長仍皆抱持著「望子成龍」、「望女成鳳」之夢想；特別遇到子女學習成就低落時，也皆會有「恨鐵不成鋼」之感嘆。因此，如何創造學習高峰經驗，讓孩子的成績能突破或高人一等，則成為家長夢寐以求之事。

教師面對家長期望，也經常有無力與感嘆之事，為何某些學生就是無法教好？即使進行補救教學，仍無法讓這些學生產生學習的高峰經驗呢？

雖然家長、教師與學生，人人皆想擁有學習的高峰經驗，但並非人人皆能順利獲得，而其關鍵則在於是否掌握創造學習高峰經驗的方法。學生要獲得學習高峰經驗的先決條件，即應先讓學生擁有學習的興趣。因此，教師若能因應學生的個別差異，「**編製適性化教材**」、「**彈性調整教材的難易度**」、「**善用數位的聲、光、影音等資訊教材**」、「**掌握學習心理的原則**」、「**運用正增強的獎勵策略**」等方法，相信必能引導學生對學習產生興趣而不排斥。

三、如何創造學習的高峰經驗

要創造學習的高峰經驗，並非相當容易之事，仍須掌握若干策略；以下，將其分別說明之：

1. **創造學習的「福樂經驗」**：學習對學生若是快樂，必然會焚膏油以繼晷而樂此不疲；學習若是痛苦，當然退避三舍，避之唯恐不及。

2. **欲速則不達、吃快弄破碗**：學習不能只求快速或貪多，而未仔細進行學習；甚至不要強迫學生學習，給予太大的學習壓力，才不至於產生焦慮、不耐煩，甚至反抗情緒。

3. **培養主動積極的學習態度**：教師或家長若能根據學生的學習特性與情況因勢利導，妥善運用正向的獎勵策略，則能培養學生主動、積極與負責的學習態度。

4. **善用數位化媒體的影音教材**：教學若能善用數位化的聲、光、影音等資訊教材，必能有效激發學生的學習興趣。

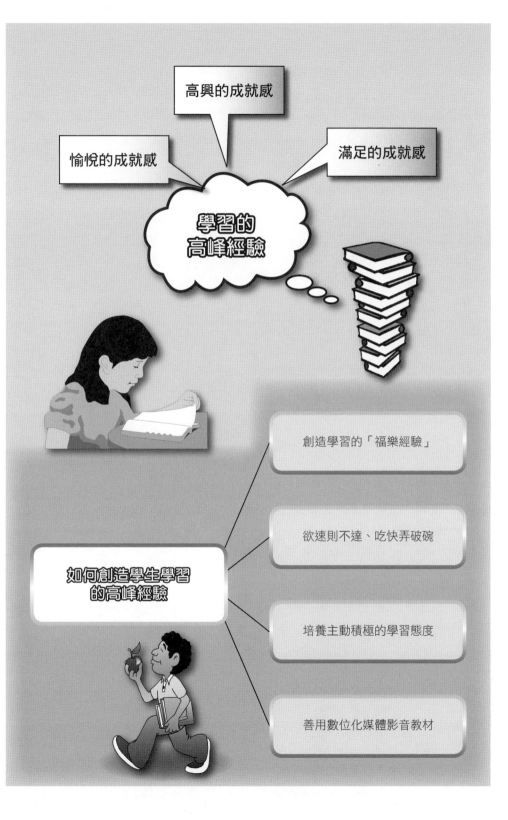

第9章

教學資源的選擇與應用

● 章節體系架構 ▼

　　教師要善用各種五花八門的教學資源，才能使教學生動活潑且出神入化，並有效提升教學與學習品質。傳統的教學皆以單純的講述為主，教師使用教科書、黑板、粉筆等為主要的教學資源。然而，隨著資訊科技的進步與網路的普及化，及家長和社會大眾對教學革新與創新的要求，僅以這些傳統的教學資源來進行教學，已無法滿足學生學習之需求與教學求新求變的期待。

　　因此，當教師面對新世紀教學的變革與挑戰，如何選擇與使用適當的教學資源，並妥善應用於教學的實施歷程中，以滿足學生學習需求與家長的教育期待，並提升教學品質，已成為無可逃避的選擇及責無旁貸的重責大任。

輔助教學不可或缺的重要夥伴

一、教學資源的意義

根據 Piaget 的理論，要協助學生進行有效的學習，應由具體、半具體到抽象。教師的教學若僅以單向講述，而無任何教學資源作為輔助教學的工具，除無法使教學生動活潑及受到學生的青睞之外，並無法協助學生達到抽象概念的學習。因此，教學資源（teaching resources）顧名思義，係指教師在教學的前、中、後等歷程，選擇各種輔助教學的工具，以輔助教師轉化教學活動，引起學生的學習興趣和促進學生的學習效能。因此，教學資源的選擇與運用，對教師教學活動的實施而言，則具有非常重要意義，亦是不可或缺的重要夥伴。

通常教學資源有廣義與狹義的區別。高廣孚（1988）指出，廣義的教學資源係指與教學有關的「社會資源」（social resources）、教學用品與教學所使用的器具；社會資源通常指學校或教室以外地區能提供輔助教學的學習素材或生活情境，如自然或人為景觀、公園、歷史古蹟、公共建築區或風景區等。

而狹義的教學資源係指教師所使用的「教學媒體」（instructional media）與學校的教學情境；教學媒體係指教學用品與教學器具；學校的教學情境，如教學步道、生態池、教材園。由此可知，從廣義層面而言，教學資源應不僅限於教師所使用的教學媒體，更廣泛地包含可選擇與運用於教學上的社會資源。而教學資源對教學而言，似乎應從廣義層面來界定，才能更完整地描述其意義。

二、教學資源扮演中介角色

「工欲善其事，必先利其器。」教師欲將知識或技能傳授給學生，及實施成功有效的教學，不能僅憑一張嘴巴、一本教科書和一枝粉筆的傳統教學方式，應妥善慎選各種有利於教學實施的教學資源，以協助學生進行學習。因此，教學資源於「教師的教」與「學生的學」之間，即扮演重要的「中介角色」，具有傳承教師的教與引導學生學習的關鍵任務與地位。

三、教學資源的功能

教師選擇各種教學資源，將其運用於教學活動的實施中，對教學品質的提升不但有實質的幫助，更具有許多方面的功能，包括「豐富教師的教學內容」、「使教學活動生動多元」、「使教學活動樂趣化」、「提升教學的情感層次」、「增進教學的深度與廣度」、「有效統整教學經驗」、「增進教師教學效能」、「強化學生的學習動機與效果」等（林進材，2004）。由此可知，教學資源對教學而言，乃輔助教學不可或缺的重要夥伴。

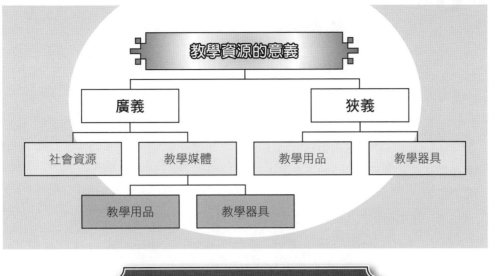

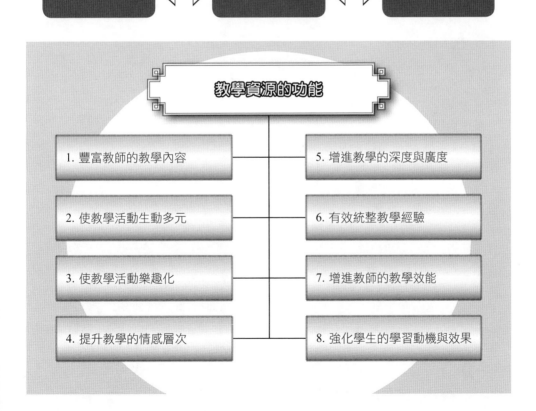

UNIT **9-2**
神奇及琳瑯滿目的輔助教學資源

一、教學資源的分類

　　教學資源的種類相當地豐富而多元，從傳統的教科書到應用最新的雲端科技於輔助教學，可以「神奇多樣化」來形容之。

　　關於教學資源的分類，因學者看法的差異，而有不同的分類方式；有些學者將其分成「視覺型」與「聽覺型」（王財印、吳百祿、周富新，2009）；有些學者以「五 W」的概念，而分成「人」、「事」、「時」、「地」、「物」與「資訊與科技」（林進材，2004），茲將其分述說明如下。

二、「視覺型」與「聽覺型」

(一)視覺型

　　係指不以口語方式教學，而以一種以上的資源進行教學；而此類教學資源，依是否須使用電器設備，而分成「非放映型」與「放映型」。「非放映型」又可分成「立體型」，如實物、模型、標本、版畫、板類媒體等；「平面型」，如圖片、照片、圖畫、雜誌、插圖、圖表、統計圖、海報、漫畫、地圖等。

　　「放映型」因拜電腦資訊科技之賜，傳統使用的「實物投影機」、「投影片投影機」、「幻燈片投影機」等，已逐漸被現代流行的「電腦單槍投影機」、「數位相機」、「大型液晶電視」、「網路視訊」、「PDA/DVD」、「電腦動畫」等電腦多媒體所取代。

(二)聽覺型

　　此類教學資源係指記錄及傳送聲音的工具，如留聲機、錄音機、卡匣式錄音機、CD/MP3/MP4 播放器等。一般教師指導學生學習英語時，常鼓勵學生固定時間收聽「大家說英語」、「空中英語教室」等廣播節目；其次，教育廣播電台亦經常製播各種教育節目，可作為輔助教學之用；而上述這些廣播節目，皆需配合使用聽覺型教學資源工具。

三、五 W 與資訊科技類

　　林進材（2004）指出，教學資源的內容一般包括五 W 的「人」、「事」、「時」、「地」、「物」與「資訊科技」等，茲說明如下：

1. **人**：指教師、學生家長、社區人士、耆老、舞蹈家或藝術家等。
2. **事**：指學校、社會或日常生活中所發生的事實、事件或案例所提供學生的直接或間接經驗。
3. **時**：係指教師對於教學時間的掌握，或善用其他非正式教學時間。
4. **地**：係指可提供教學實施的場所或空間，可分成校內的教室、學習區或步道、圖書室；校外的圖書館、博物館、展演中心、歷史景點等。
5. **物**：指天然和人工的物品或器物，如自然的花草、樹木、昆蟲、山川巨石，人工指文藝作品、教科書。
6. **資訊科技**：係指使用各種電腦資訊設備於教學，如電腦多元媒體、PDA/DVD、MP3/MP4、CD/DVD、電腦動畫、網路視訊、電腦單槍投影機等。

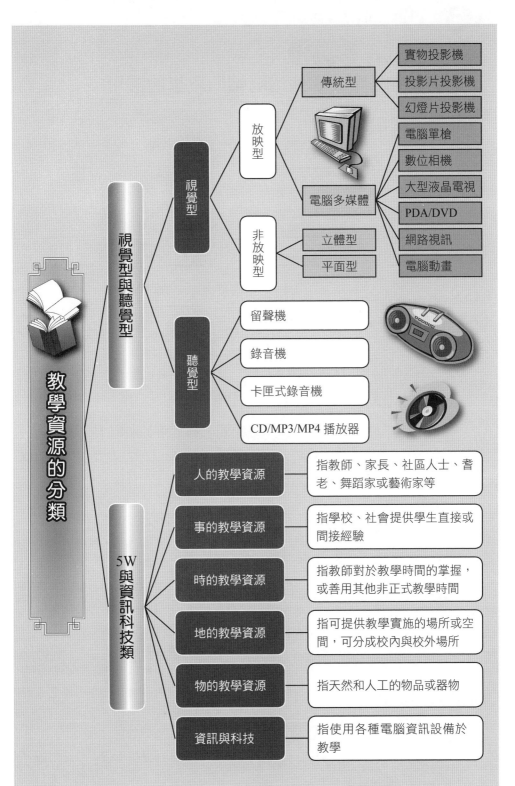

教學資源的分類

視覺型與聽覺型

視覺型

放映型

傳統型
- 實物投影機
- 投影片投影機
- 幻燈片投影機

電腦多媒體
- 電腦單槍
- 數位相機
- 大型液晶電視
- PDA/DVD
- 網路視訊
- 電腦動畫

非放映型
- 立體型
- 平面型

聽覺型
- 留聲機
- 錄音機
- 卡匣式錄音機
- CD/MP3/MP4 播放器

5W與資訊科技類

人的教學資源　指教師、家長、社區人士、耆老、舞蹈家或藝術家等

事的教學資源　指學校、社會提供學生直接或間接經驗

時的教學資源　指教師對於教學時間的掌握，或善用其他非正式教學時間

地的教學資源　指可提供教學實施的場所或空間，可分成校內與校外場所

物的教學資源　指天然和人工的物品或器物

資訊與科技　指使用各種電腦資訊設備於教學

UNIT **9-3**
由編序教學到電腦輔助教學的應用

一、編序教學的概念

「編序教學」（programmed instruction, PI）係指將教科書進行改編，以符合學習心理，方便學生自己學習及提升學習效果的一種教學方法（張春興，1996）。

編序教學於 1954 年由 Skinner 提出，其係植基於 Skinner 的操作制約理論，將教科書的教學內容，依照一定順序進行「編序」（programming），以便實施編序教學。

二、編序教學的原則

實施編序教學，從編序教材到編序教學，必須符合某些心理學的原理原則，茲說明如下：

1. **確定起點行為和終點行為**：指預先了解學生已有的先備知識，並知道學生經由編序教學後能學到什麼。
2. **將教材細分成許多小單元**：根據邏輯順序，符合由淺而深、由易而難、由近而遠等，依序編列教材內容。
3. **連續漸進學習且立即回饋**：編序教材的每個小單元即代表單一概念，必須事先給予正確答案，且第一個答案乃第二個概念的基礎，第二個答案則是第三概念之基礎，餘此類推。
4. **以測驗卷形式編製教材**：即編序教材以是非、選擇、填充或問答題方式，當學生答題後立即給予正確答案，符合立即回饋的後效強化原理。
5. **須依照個別化教學原則**：即應根據學生的個別差異來實施，避免使學生產生某些學習壓力。

三、電腦輔助教學的意義

「電腦輔助教學」（computer-assisted instruction, CAI）出現原因，即 1970 至 1980 年代隨著電腦的發明，將電腦應用到編序教學，以電腦呈現編序教材及進行教學。

電腦具輸入、儲存、記憶、提取之功能，比編序教學機操作更方便，學生只要接受螢幕呈現的刺激，並反應而以鍵盤輸入，即可進行學習，具有立即性回饋的強化學習效果。

四、電腦輔助教學的技巧

電腦輔助教學雖有其優點與功能，但仍須掌握某些技巧，才能發揮電腦輔助教學的效果，茲說明如下：

1. **符合循序漸進原則**：每週安排一節使用電腦設備的時間，以提升學生使用電腦能力與興趣。
2. **電腦與教學結合**：即教師應將教學內容設法與電腦結合或連結，而非只是單獨操作或使用電腦而已。
3. **掌握教學彈性原則**：並非每位學生皆適合或有興趣以電腦進行輔助學習，過度的使用電腦經驗亦可能造成爾後的學習障礙。因此，使用電腦輔助教學仍須有彈性或權宜措施。
4. **將學生進行分組學習**：教師根據全班學生的個別差異，以同質或異質進行分組，來實施電腦輔助教學。

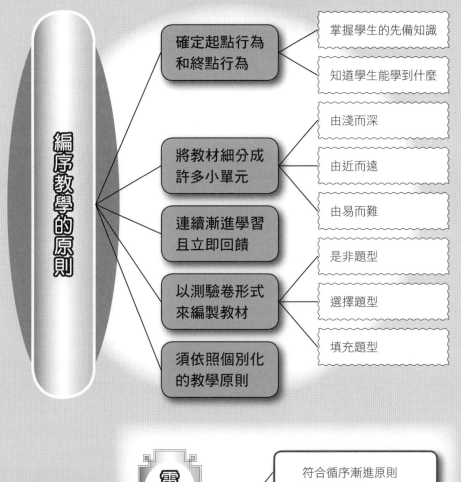

編序教學的原則

確定起點行為和終點行為
- 掌握學生的先備知識
- 知道學生能學到什麼

將教材細分成許多小單元
- 由淺而深
- 由近而遠
- 由易而難

連續漸進學習且立即回饋

以測驗卷形式來編製教材
- 是非題型
- 選擇題型
- 填充題型

須依照個別化的教學原則

229

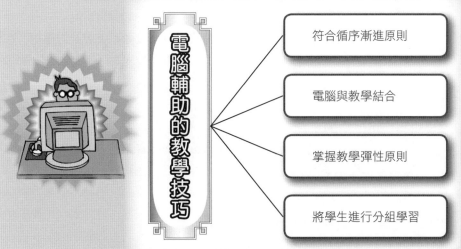

電腦輔助的教學技巧

- 符合循序漸進原則
- 電腦與教學結合
- 掌握教學彈性原則
- 將學生進行分組學習

UNIT **9-4**
妥善運用滿足學習感官的資訊科技

一、資訊科技融入教學的概念

　　隨著科技的發達，電腦和網路的普及化，資訊科技幾乎已成為教學與學習的必備教學資源之一。資訊科技融入教學（information technology integrated into instruction）係將資訊科技之技術應用於教學的設計、實施、評量與學生的學習之上，目的在於有效激發學生的學習動機，加深學生學習記憶與印象。

　　資訊科技的聲、光、影、音及互動效果，使教學生動活潑及有效提升學生的注意力與學習興趣，並已逐漸成為現代及未來教學的主流趨勢

　　教師應注意資訊科技融入教學僅是教學方式之一，不可能完全取代傳統的教學方式，教師應先思考使用資訊科技是否可提升或改進教學效果，勿為融入而融入（何榮桂，2002）。因此，教師仍應強調「教學」本身，而非資訊科技設備或使用技術部分，資訊科技僅是一種輔助工具而已，這是教師應有的正確觀念。

二、資訊科技可使用的工具

　　資訊科技融入教學即應用資訊科技的工具，包括使用 CAI 軟體、網際網路、資訊設備、多媒體、e-mail、Facebook、電話、電視、電傳視訊、DVD、MP3/MP4、CD/DVD、電腦動畫等，進行教學的描述、說明、解釋或學習資料的蒐集、儲存及傳輸文字、圖像、影音等，將這些資訊科技應用在教學上，即資訊融入教學之概念。

三、資訊科技融入教學的限制

　　茲將實施資訊科技融入教學可能面臨的限制，分別說明如下：

1. **考量學科屬性是否適合與資訊科技整合**：何榮桂（2002）認為，教師應考慮教材之內容，並非所有科目都適合與資訊科技整合。

2. **突破資訊科技空間使用的限制**：何榮桂（2002）亦指出，資訊科技融入教學可發生於教學歷程中的任何階段，並非一定要在教室中進行。

3. **提升教師資訊科技專業能力的限制**：資訊科技日新月異，其設備更新週期已縮短至二至三個月，教師應思考如何提升其對資訊設備的專業知能，及如何與教學整合與應用。

4. **資訊科技設備經費短缺的限制**：在有限的教育資源下，教育經費分配本來就會呈現明顯的差異與不足，學校可爭取其他社會資源以彌補「**城鄉數位落差**」之問題。

5. **改善學生資訊能力的個別差異問題**：城鄉學生在資訊科技接觸與使用的機會，相對而言自然會有很大的差異；因此，教師不妨對於個別差異學生進行資訊科技能力的個別指導或補救教學，以提升所有學生對資訊科技能力的精熟程度。

資訊科技融入教學概念

- 將資訊科技應用於教學與學習上
- 重點在「教學」本身，而非資訊科技部分，勿「為融入而融入」
- 有效激發學生的學習動機，加深學生學習記憶與印象
- 使教學能更生動與活潑並達到出神入化的境界
- 已逐漸成為教學的主流趨勢及必備的教學資源之一

231

資訊科技融入教學限制

- 學科屬性是否適合與資訊科技整合
- 突破資訊科技空間使用的限制
- 教師資訊科技專業能力的限制
- 資訊科技教學設備經費的限制
- 學生資訊能力的個別差異問題

UNIT 9-5
教師應評估與選擇適當的教學資源

一、教學資源的分類

教師於教學實施的歷程中，為協助達成教學目的，可以使用的教學資源約可分成自然的、社會的、數位的與人力的資源等四類。

自然的教學資源可分成校內的建築、學習步道或教材園等；而校外的教學資源則包括古建築、自然公園、天然風景名勝等。

社會的資源係指人為因素所造成的博物館、植物園、圖書館、鄉土文物、科學館、政府公共建築等。

數位化的教學資源係指硬體設備與應用電腦資訊科技，將各種資料或訊息以圖片、文字、動畫、影音等形式進行儲存、傳輸與應用的軟體資源。

人力資源則有校內的教師、職員或學生等；校外人力資源包括者老、家長、社區人士、藝術家、舞蹈家、技藝人士、專家學者、企業人士等。

二、如何選擇適當的教學資源

如何選擇適當的教學資源，以輔助教學實施的成效，必須依據實際教學需求及某些依循的原則，方以致之；茲將其說明如下：

(一)根據教學目標或需求

教師選擇教學資源時，應根據教學目標或需求，甚至可自行增刪、修改或組合，以符合教學目標或需求。任何教學資源應為教學需要而選擇，而非為教學資源而選擇教學資源。

(二)顧及學生身心的成熟度

教學資源固然能提供教學具體或抽象概念的輔助工具，但選擇時仍應顧及學生身心發展成熟度，是否適合作為教學資源。

(三)考量方便實用與經濟性

教學資源以方便、實用且不須花費太多經費為原則，不要迷信價格昂貴的教學資源或設備，只要能達到實際教學效果即可。

(四)分析教學資源的特性

教師應分析與熟知每種教學資源皆有其使用的特性與限制，才能根據教學需求選擇某些適當的教學資源加以運用之。例如須選擇視覺的、聽覺的或兩者兼而有之？或選擇動態影像、靜態圖片或文字資料等。

(五)斟酌學習領域特性

即有哪些領域或科目的教材內容，適合進行資訊科技融入教學？哪些不可以？教師應理解並非所有領域或科目，皆可進行資訊融入教學或選擇某些教學資源來進行教學，即不要「為融入而融入」或「為選擇而選擇」。

(六)評估教材抽象化情形

將抽象化及難以提供學生具體學習經驗的教材內容，轉變成聲、光、影、音及互動效果的視覺化教材，如模擬實驗、模擬動畫、概念圖等，藉由電腦多媒體多樣化特性，使學生更容易理解教學內容，達到更佳的學習效果。

教學資源的分類

自然資源
- 校內的建築、學習步道、教材園等
- 校外的古建築、自然公園、天然風景名勝等

數位資源
- 硬體的電腦、網路、周邊等器材設備
- 軟體的圖片、文字、動畫、影音等資料

人力資源
- 校內的教師、職員與學生等
- 校外的耆老、藝術家、技藝人士等

社會資源
- 人為因素所造成的博物館、植物園、圖書館、鄉土文物、科學館、政府公共建築等

如何選擇適合教學資源

- 根據教學目標或需求
- 顧及學生身心的成熟度
- 考量方便、實用與經濟性
- 分析教學資源的特性
- 斟酌學習領域特性
- 評估教材抽象化情形

熟練及靈活運用教學資源的策略

一、熟練及靈活運用的目的

教師雖然擁有各式各樣、琳瑯滿目及五花八門的教學資源，但若未能熟悉使用方式或流程，仍然無法盡情發揮輔助教學的最大功能。教師除了要能因應教學的需求，妥善謹慎地選擇與應用教學資源，更必須熟練及靈活運用這些教學資源，而非僅只簡單、固定地呈現而已。

教師使用各種教學資源，若能像魔術師變魔術一樣精采絕倫，且具有爐火純青的精湛技術，必能有效激發學生的學習興趣使學生獲得更佳的學習輔助，並能使教學生動活潑，充分展現教師教學的專業及創新教學的意義與價值。

二、熟練及靈活運用的策略

茲提供教師一些實務上熟練及靈活運用教學資源的策略，將其分別說明如下：

(一)教學前進行教學資源的預演

教師實施教學之前，若能進行預演，模擬教學資源呈現方式與流程，並請教師同儕觀摩或以 DVD 錄影方式，提供教學回饋改進之參考，經由一次、二次⋯⋯的練習，則能有效增進教學資源使用的熟練程度，並可發現是否有調整或改善之空間。

(二)多給予學生參與操作的機會

教師在教學中，應提供適當機會讓學生接觸實物或虛擬模型的教學資源，讓學生經由直接參與體驗教學的情境脈絡，皆比教師間接的、抽象的說明來得具體且教學效果更佳。

(三)呈現多樣化的教學資源

應用學習心理學的「雙代碼理論」（dual coding theory），教學時若能使用視、聽或觸覺等不同類型的教學資源，經由多重的文字、圖像、聲、光等效果的刺激，可以有效提升教學效果。

(四)分階段呈現各類的教學資源

教學概念之間仍有深度與難度的區別，教師應依照概念的深、淺程度之分，甚至依照學生個別差異，選擇並分階段呈現難度或深度不同的教學資源，以協助學生獲得更具體的學習概念。

(五)選擇互動式教學資源

拜資訊科技突飛猛進之賜，目前網路上提供許多可以免費應用的自由軟體，甚至有些屬於互動式的軟體，對於輔助教學與學習具有相當不錯的效果。如 Google Earth、Google Map 和 QGIS 等，使用這些自由軟體進行資訊科技融入教學，學生經由與教材互動的過程，可以有效提高學效果與學習效率，並能節省經費及降低盜版率。

```
                  ┌─────────────────────────┐
                  │   教學資源熟練及          │
                  │   靈活運用的目的          │
                  └─────────────────────────┘
        ┌──────────────────────┐    ┌──────────────────────┐
        │ 1. 發揮輔助教學的最大功能 │    │ 3. 激發學習興趣及更佳學習輔助 │
        └──────────────────────┘    └──────────────────────┘
        ┌──────────────────────┐    ┌──────────────────────┐
        │ 2. 熟練及靈活運用教學資源 │    │ 4. 展現教師教學的專業及創新 │
        └──────────────────────┘    └──────────────────────┘
```

235

```
                  ┌─────────────────────────┐
                  │   教學資源的熟練及         │
                  │   靈活運用的策略           │
                  └─────────────────────────┘

  ┌──────────┐  ┌──────────┐  ┌──────────┐  ┌──────────┐  ┌──────────┐
  │ 教學前進  │  │ 多給予學  │  │ 呈現各種  │  │ 分階段呈  │  │ 選擇互動  │
  │ 行教學資  │  │ 生參與操  │  │ 多樣化的  │  │ 現各類的  │  │ 式教學資  │
  │ 源的預演  │  │ 作的機會  │  │ 教學資源  │  │ 教學資源  │  │ 源       │
  └──────────┘  └──────────┘  └──────────┘  └──────────┘  └──────────┘

  ┌──────────┐  ┌──────────┐  ┌──────────┐  ┌──────────┐  ┌──────────┐
  │ 教師同儕  │  │ 提供學生  │  │ 應用學習  │  │ 依照教學  │  │ 如       │
  │ 進行觀摩  │  │ 接觸實物  │  │ 心理學的  │  │ 概念的深  │  │ Google   │
  │ 並提供教  │  │ 或虛擬模  │  │ 雙代碼理  │  │ 淺程度選  │  │ Earth、  │
  │ 學回饋之  │  │ 型教學資  │  │ 論       │  │ 擇並分階  │  │ Google   │
  │ 意見     │  │ 源的機會  │  │          │  │ 段呈現    │  │ Map 和   │
  └──────────┘  └──────────┘  └──────────┘  └──────────┘  │ QGIS 等  │
                                                          └──────────┘
  ┌──────────┐                ┌──────────┐                ┌──────────┐
  │ DVD 錄   │                │ 使用視、  │                │ 提高教學  │
  │ 影方式提  │                │ 聽或觸覺  │                │ 效果、學  │
  │ 供教師教  │                │ 等不同類  │                │ 習效率、  │
  │ 學回饋   │                │ 型的教學  │                │ 節省經費  │
  │          │                │ 資源     │                │ 及有效降  │
  └──────────┘                └──────────┘                │ 低盜版率  │
                                                          └──────────┘
```

UNIT **9-7**
如何使用教學資源及其使用原則

一、如何使用教學資源

教學資源並非僅只在教學實施時才須使用，從教學前的計畫階段、教學實施，甚至到教學評量，每個階段皆須使用不同的教學資源，以協助發揮更佳的教學效果。茲將此三個階段所使用的教學資源，分別說明如下：

(一)教學計畫階段

此階段係指未進入正式教學前的準備階段，教師應準備哪些必須使用的教學資源，何人或何地可提供教學資源或相關訊息。例如，教師可以參考過去的教學檔案，了解曾使用哪些教學媒體、教具、電化設備等，甚至哪些社會資源可提供相關的教學資源；其次，參考教科書、教學計畫或相關書籍所提供的單元內容或重要提示方向；此外，亦可透過教師同儕、專家學者提供意見，以預先解決準備教學資源可能遭遇的相關問題。

(二)教學實施階段

此階段可使用的教學資源相當地多，如 Unit 9-2 已介紹許多琳瑯滿目的教學資源。教師於此階段除實際將教學資源使用於教學歷程中外，更須因應可能產生的情況做必要的修正與調整，以減少負面效應的產生。

(三)教學評量階段

此階段係指針對教學資源使用的情形或成效進行評估，而此則可依據學生表現及回饋訊息，進行檢討或評估，以作為爾後調整或改變之參考。

二、教學資源的使用原則

教師必須掌握每個教學資源使用階段所必須依循的原則，才能發揮教學資源的最大效能，茲分別將其說明如下：

(一)教學計畫階段

教學前使用的原則，必須掌握下列三個主要步驟：

1. **試用**：即在使用教學資源前必須有一段適用期，以了解如何使用、有哪些優缺點、是否適用等。
2. **預演**：係指依據教學實施歷程，從頭至尾實際演練一次，可請教師同儕觀摩並給予回饋訊息。
3. **布置**：係指將教學環境事先做適當的布置，預先了解光線、電源、位置等是否有問題。

(二)教學實施階段

此階段最重要原則，即將教學媒體融入教學之中，掌握使用的適當時機與呈現的方法，才能引起學生的興趣與注意力，以強化教學印象。

(三)教學評量階段

此階段即在於了解教學資源的功能與價值為何，若無法適用即應隨時調整。因此，此一階段之原則即應適時地進行彈性調整或隨時修正所使用的教學資源。

如何使用教學資源

- 教學計畫階段
  - 應準備哪些必須使用的教學資源
  - 何人何地可提供教學資源或訊息
- 教學實施階段
  - 實際將教學資源使用於教學歷程
  - 因應可能情況做必要修正與調整
- 教學評量階段
  - 評估教學資源使用的情形或成效
  - 作為爾後教學調整或改變之參考

教學資源使用原則

- 教學計畫階段
  - 適用期：以了解如何使用、有哪些的優缺點、是否適用
  - 預演：依據教學歷程，從頭至尾演練，並請教師同儕給予回饋訊息
  - 布置：將教學環境事先做適當的布置
- 教學實施階段
  - 掌握使用的時機
  - 掌握呈現的方法
- 教學評量階段
  - 了解教學資源的功能與價值為何

參考文獻

一、中文文獻

于富雲（2001）。從理論基礎探究合作學習的教學效益。**教育資料與研究，**38，22-26。

王文中（2004）。測驗與評量的意義與趨勢。輯於**教育測驗與評量——教室學習觀點**。臺北市：五南。

王財印、吳百祿、周富新（2009）。**教學原理**。臺北市：心理。

中華百科（2012）。**魚骨圖**。2012年2月28日，取自http://wikiyou.tw/%E9%AD%9A%E9%AA%A8%E5%9C%96/。

江文慈（2007）。超越測量——評量典範轉移的探索與啟示。**教育實踐與研究，**20（1），173-200。

余民寧（1997）。**有意義的學習概念構圖之研究**。臺北市：商鼎文化。

何榮桂（2002）。臺灣資訊教育的現況與發展——兼論資訊科技融入教學。**資訊與教育，**87，27-29。

沈翠蓮（2001）。**教學原理與設計**。臺北市：五南。

李咏吟（1984）。**教學理論與策略**。臺北市：遠流。

李坤崇（2001）。**綜合活動學習領域教材教法**。臺北市：心理。

吳裕聖（2008）。**鷹架概念構圖教學模式的建立與實施成效研究**。國立中正大學課程與教學博士論文，未出版，嘉義。

吳明隆、涂金堂（2005）。**SPSS與統計應用分析**。臺北市：五南。

金樹人（1990）。角色扮演。載於**教學原理**，黃光雄主編。臺北市：師苑。

林玉体（2005）。**西洋教育史**。臺北市：文景。

林清山譯（1990）。**教育心理學——認知取向**。臺北市：遠流。

林進材（2000）。**有效教學：理論與策略**。臺北市：五南。

林進材（2004）。**教學原理**。臺北市：五南。

林進材（2007）。教育的方法（一）：教學。輯於**教育導論**，陳念祖主編，285-318。臺北市：五南。

林寶山（1998）。**教學原理與技巧**。臺北市：五南。

施良方（1996）。**學習理論**。高雄市：麗文。

洪冬桂（1986）。**我國大學生適應問題、因應行為、求助偏好及其相關因素之研究**。國立臺灣師範大學教育研究所博士論文，未出版，臺北市。

高廣孚（1988）。**教學原理**。臺北市：五南。

徐慕蓮（1987）。**個人及家庭因素影響國小新生學校生活適應之研究**。國立臺灣師範大學教育研究所碩士論文，未出版，臺北市。

張世慧（2007）。**創造力：理論、技法與教學**。臺北市：五南。

張春興（1991）。**現代心理學**。臺北市：東華。

張春興（1996）。**教育心理學：三化取向的理論與實踐**。臺北市：東華。

張清濱（2008）。**學校教育改革：課程與教學**。臺北市：五南。

張清濱（2009）。**教學原理與實務**。臺北市：五南。

張麗麗（1998）。「什麼樣的檔案才值得…？」——談自主學習檔案的基本要素。**屏東教育季刊**，5-7。

莊明貞（1995）。一個新評量取向——變通性評量在國小開放教室的實施。載於國立臺北師範學院主編，**開放社會中的教學**，77-91。

莊明貞、邱愛鈴（2003）。國小教師學習評量信念與實踐之個案研究。**國立臺北師範學院學報**，*16*（1），163-200。

陳文典（2002）。「以學生為主」的教學評量。99年12月31日，取自http://www.phy.ntnu.edu.tw/nstsc/pdf/book4/04.pdf。

陳英豪、吳裕益（1992）。**測驗與評量**（第二版）。臺北市：復文。

陳龍安（2006）。**創造思考教學的理論與實際**（第六版）。臺北市：心理。

陳奎熹（1982）。**教育社會學**。臺北市：三民。

黃德祥（1995）。學習輔導與學生發展。**學生輔導**，*38*，22-31。

黃政傑主編（1997）。**教學原理**。臺北市：師大書苑。

黃政傑、林佩璇（1996）。**合作學習**。臺北市：五南。

郭生玉（1995）。**心理與教育測驗**（第九版）。臺北市：精華。

郭生玉（2004）。**教育測驗與評量**（修訂第二版）。臺北市：精華。

劉美惠（2001）。文化回應教學：理論、研究與實踐。**課程與教學季刊**，*4*（4），143-151。

蔡啟達（2008）。教學評鑑的基本概念。輯於**教學評鑑理論與實施**，林進材主編。臺北市：五南。

盧美貴（1980）。教師教室行為對學生學習的影響。**師友**，*156*，16-21。

歐用生（2006）。**課程理論與實踐**。臺北市：學富。

簡紅珠（1996）。創造思考教學法(二)——腦力激盪教學法。載於**創思與合作教學法**，黃政傑主編。臺北市：師苑。

戴保羅譯（1999）。**學習地圖——21世紀加速學習革命**。臺北市：經典傳訊。

韓楷聖（2001）。學習動機的輔導。載於**學習輔導：學習心理學的應用**，李咏吟主編，209-242。臺北市：心理。

謝銘勳（2002）。**數位電路在虛擬實驗教室的教學評量模式**。私立逢甲大學資訊工程系碩士論文，未出版，臺中市。

謝清森（2008）。**應用模糊理論於教學評量之研究**。私立大葉大學工業工程與科技管理學系碩士在職專班碩士，未出版，彰化。

顏承宗（2003）。**互動式多媒體行動教學評量系統之設計與實作**。國立交通大學資訊工程系碩士論文，未出版，新竹。

二、英文文獻

Aoki, T. (1988). *What is it to be educated?* Paper presented at Convocation I. Lethbridge, Alberta. Canada: University of Lethbridge.

Anderson, L. W. & Krathwohl, D. R. (2001). *A taxonomy for learning, teaching, and Assessing: A revision of bloom's taxonomy of educational objectives*. New York: Longman.

Apple, M. W. (1993). The politics of official knowledge: Does a national curriculum make sense? *Teachers college, 95*. Columbia University: Teachers college.

Apple, M. W. (2004). *Ideology and curriculum* (3rd ed.). New York: Routledge Falmer.

Ausubel, D. P. (1963). *The psychology of meaningful verbal learning*. New York: Grune & Stratton.

Ausubel, D. P. (1968). *Educational psychology: A cognitive view*. New York: Holt, Rinehart & Winston.

Bernstein, B. (1977). *Class, codes and control*, Vol 3, (2nd ed.). London: Routledge and Kegan Paul.

Bloom, B. S., Englehart, M. D., Hill, W. H., Furst, E. J., & Krathwohl, D. R. (Eds.) (1956). *Taxonomy of educational objectives: Handbook I, cognitive domain*. NY: McKay.

Bourdieu, P. (1977). Cultural reproduction and social reproduction. In J. Karabel, & A. H. Halsey (Eds.). *Power and ideology in Education*. New York: Oxford University Press.

Campbell, E. (2000). Professional ethics in teaching towards the development of a code of practice. *Cambridge Journal of Education, 30*(2), pp.203-221.

Clark, D. C. & Culter. B. R. (1990). *Teaching: An introduction*. New York: Harcourt Brace Jova: novich.

Coleman, J. S. (1997). Social capital in the creation of human capital. In A. H. Hasley, H. Lauder, P. Brown, & A. S. Wells (Eds.). *Education*. Oxford University Press.

Dale, E. (1954). Audiovisual methods in teaching. (Rev. ed.). New York: Dryden Press.

Dansereau, D. F. (1988). Cooperative learning strategies. In C. E. Weinstein, E. T. Goetz, & P. A. Alexander (Eds.). *Learning and study strategies: Issues in assessment, instruction and evaluation*. NY: Academic Press.

Dewey, J. (1916). *Democracy and education*. New York: Macmillan.

Dewey, J. (1934). *Art as experience*. New York: Minton, Balch & Company.

Eisner, E. W. (2003). *The educational imagination* (3rd ed.). London: Collier Macmillan.

Flavell, J. H. (1976). Metacognitive aspects of problem solving. In L. B. Resnick. (Ed.), *The nature of intelligence*, pp.231-235. Hillsdale, NJ: Lawrence Erlbaum Associates.

Freire, P. (1993). *Pedagogy of the oppressed*. New York: Continuum.

Gage, N. L. (1978). *The scientific basis of the art of teaching*. New York: Teachers College, Columbia University.

Gay, G. (2000). *Culturally responsive teaching: Theory, Research, and Practice*. New York: Teachers College Press.

Gowin, D. B. (1981). *Educating*. Ithaca, NY, Cornell University Press.

Hashweh, M. Z. (2005). Teacher pedagogical constructions: a reconfiguration of pedagogical content knowledge. *Teachers and Teaching: theory and practice, 11*(3), pp.273-292.

Kellough, R. D. & Kellough, N. G. (2003). *Secondary school teaching: A guide to methods and resources* (2nd ed.). Columbs, Ohio: Merrill Prentice Hall.

Miller, G. A. (1956). The magical number seven, plus or minus two: Some limits on our capacity for processing information. *Psychological Review, 63*, pp.81-97.

Murphy, K. R. & Davidshofer, C. O. (1998). *Psychological Testing: Principles and Application* (4th ed.). NJ: Prentice Hall.

Norris, S. P. & Ennis, R. H. (1989). *Evaluating Critical Thinking*. Pacific Grove, CA: Critical Thinking Press & Software.

Novak, J. D. & Gowin, D. B. (1984). *Learning How to Learn*. Cambridge, UK: Cambridge University Press.

Novak, J. D. (1990). Concept maps and Vee diagrams: Two metacognitive tools for science and mathematics education. *Instructional Science, 19*, pp.29-52.

Peters, R. S. (1966). *Ethics and education*. London: George Allen and Unwin.

Pinar, W., Reynolds, W., Slattery, P., & Taubman, P. (Eds.) (1995). *Understanding curriculum: An introduction to the study of historical and contemporary discourses*. New York: Peter Lang.

Rosenshine, B. & Meister, C. (1994). Reciprocal teaching: A review of the research. *Review of Educational Research, 64*, pp.479-530.

Saha, L. J. & Zubrzycki, J. (1997). Classical sociological theories of education. In L. J. Saha (Ed.), *International encyclopedia of the sociology of education*, 11-21. Oxford England: Pergamon.

Shulman, L. S. (1986). Those who understanding: Knowledge growth in teaching. *Educational Researcher, 15*(2), pp.4-14. ERIC EJ No.351846.

Shulman, L. S. (1987). Knowledge and teaching: Foundations of the new reform. *Harvard Educational Review, 57*(1), pp.1-22. ERIC EJ No.330821.

Smith, B. O. (1987). Definitions of teaching. In M. J. Dunkin (Ed.). *The international encyclopedia of teaching and teacher education*. Oxford: Pergamon.

Smith, K. E. (1997). Students teachers beliefs about developmentally appropriate practice: Pattern, stability and the influence of locus of control. *Early Childhood Research Quarterly, 12*(2), pp.221-243.

Vygotsky, L. S. (1962). *Thought and language*. Cambridge, MA: MIT Press.

Vygotsky, L. S. (1978). *Mind in society*. Cambridge, MA: Harvard University Press.

Tarquin, P. & Walker, S. (1997). *Creating success in the classroom*. Englewood, CO: Teacher Ideas Press.

William, J. K. (1986). *Society culture and school improvement*. Paper presented at the annual meeting of the American Education Research Association. Califonia: San Francisco.

Wilson, S. M., Shulman, L. S., & Richert, A. E. (1987). 150 Different ways' of knowing: Representations of knowledge in teaching. In J. Calderhead. (Ed.). *Exploring Teachers' thinking*, pp.104-124. London: Cassell.

Wlodkowski, R. J. & Ginsberg, M. B. (1995). A framework for culturally responsive teachind. *Educational Leadership, 53*(2), pp.17-21.

Yinger, R. J. (1982). A study of teacher planning. In W. Doyle, & T. L. Good. (Eds.). *Focus on Teaching*, pp.239-259. Chicago and London: The University of Chicago Press.

國家圖書館出版品預行編目資料

圖解教學原理與設計／蔡啓達著. -- 二版.
-- 臺北市：五南圖書出版股份有限公司,
2023.05
　面；　公分
　ISBN 978-626-343-920-7（平裝）

1.CST: 教學理論　2.CST: 教學設計
3.CST: 教學法

521.4　　　　　　　　112003384

1IWQ

圖解教學原理與設計

作　　者 ― 蔡啓達(376.4)

發 行 人 ― 楊榮川

總 經 理 ― 楊士清

總 編 輯 ― 楊秀麗

副總編輯 ― 黃文瓊

責任編輯 ― 黃淑真、李敏華

封面設計 ― 陳亭瑋

出 版 者 ― 五南圖書出版股份有限公司

地　　址：106臺北市大安區和平東路二段339號4樓

電　　話：(02)2705-5066　　傳　　真：(02)2706-6100

網　　址：https://www.wunan.com.tw

電子郵件：wunan@wunan.com.tw

劃撥帳號：01068953

戶　　名：五南圖書出版股份有限公司

法律顧問　林勝安律師

出版日期　2012年10月初版一刷（共五刷）
　　　　　2023年 5 月二版一刷

定　　價　新臺幣330元

經典永恆·名著常在

五十週年的獻禮——經典名著文庫

五南，五十年了，半個世紀，人生旅程的一大半，走過來了。

思索著，邁向百年的未來歷程，能為知識界、文化學術界作些什麼？

在速食文化的生態下，有什麼值得讓人雋永品味的？

歷代經典·當今名著，經過時間的洗禮，千錘百鍊，流傳至今，光芒耀人；

不僅使我們能領悟前人的智慧，同時也增深加廣我們思考的深度與視野。

我們決心投入巨資，有計畫的系統梳選，成立「經典名著文庫」，

希望收入古今中外思想性的、充滿睿智與獨見的經典、名著。

這是一項理想性的、永續性的巨大出版工程。

不在意讀者的眾寡，只考慮它的學術價值，力求完整展現先哲思想的軌跡；

為知識界開啟一片智慧之窗，營造一座百花綻放的世界文明公園，

任君遨遊、取菁吸蜜、嘉惠學子！